渡部昇一
Watanabe Shoichi

読書こそが人生をひらく

「少」にして学び、「壮」にして学ぶ

中山 理
Nakayama Osamu

公益財団法人
モラロジー研究所

まえがき

中山先生と「読書を中心にした対談の本をつくりたい」というご提案を受け、私は喜んで参加することにした。対談には相手がある。話が合わない相手ということもあるが、中山先生ならその心配はない。振り返ってみると、私はずいぶん多くの対談本をつくってきた。断然多いのは谷沢永一先生との対談である。その理由を考えると、谷沢先生は専門分野で卓越した業績を挙げておられるとともに、広い分野にわたる読書家であり、日本有数の蔵書家でもある。こういう人を相手にして語り合えば、話題は尽きることなく、しかも教えられることが多い。

その谷沢先生と次の対談のテーマを決めていたところ、先生が体調を崩されて延期になっている。そんなときに中山先生との対談の企画が出てきた。中山先生と谷沢先生の違いは専門分野と年齢だけで、肝要な点では一致している。中山先生も専門分野の英文学では、世界の学界に通用する業績を若くして挙げられている方である。そして読書の範囲は広く、愛書家《ビブリオフィル》であり蔵書家である。こういう方と対談すれば、話題は尽きることなく、また教えられることも多いことが予想された。そして結果は予想を超えて豊かであり、教えられること、啓発されることが多かった。

現在、出版界で問題になっているのは電子ブックの登場、インターネットの普及で、今までのような書物の時代、今までのような読書形態がなくなるのではないか、ということである。つい昨日（七月三日）に某有力書店の社長から聞いた話によると、ある大出版社がいろいろ予測したところ、二〇三〇年までに今までのような紙の本はなくなるという結果になったと言う。

この話を聞いて、私は半世紀の前の言語学界のことを思い出した。大戦後の言語学の世界で大きな流れとなったのはソシュール（スイスの言語学者、一八五七〜一九一三）の言語学である。ソシュール言語学の要点は、「言語は伝達手段である」ということであった。それに間違いはない。しかし、ドイツではヴァイスゲルバー（一八九〇〜一九八五）のような言語学者は、「言語は伝達手段であるほかに、精神形成力のあるものである」と主張した。この二つの言語学界の主張は、現在の出版状況・読書状況にも重なるところがある。それは書物あるいは印刷物を「情報伝達・

ことができるからである。

獲得の手段」と見なすことができるとともに、書物を「精神形成の手段」と考える

情報伝達・獲得の手段として、電子ブックやインターネットは便利である。利用価値もすこぶる高い。しかし人間が、自分の思想や精神を形成するときには、読み返し、愛撫し、枕頭に置くような愛読書が必要である。その本の装幀にも、手ざわりにも、書き込みにも、自分の精神の成長とからみ合いがあるような、そういう愛読書の存在というものがあるのではないだろうか。

今から二百年近く前に、工業の発達で安価な本が大量につくられる時代になったとき、イギリスのウィリアム・モリス（詩人、デザイナー、思想家、一八三四〜一八九六）は、中世の写本に書物の真の美があると考え、その中世の精神と美的感覚を再興する意図で、私家版（ケルムスコット版）をつくり出した。その刺戟でイギリスやアメリカでは続々と美しい私家版を出す人が出て、十九世紀後半から、美しい本の時代になったのである。夏目漱石がイギリスに行ったころはその時代だ。美的感覚のすぐれていた漱石は、帰国後に、橋口五葉（一八八〇〜一九二一）に頼んで美しい本をつくった。漱石の初版本が高価なのは、一つには装幀の美しさのためである。

持っていても嬉しいし、飾っておいても楽しい。安価本が大量に生産される時代にモリスが出て、かえって美本の時代が生じたというのは一種のパラドックスであろう。電子ブックやインターネットの時代になれば、逆に愛すべき本の時代が生ずるという可能性もある。そういう「読書と愛蔵書の時代」を、この対談から予感していただけたら幸いである。

本書の企画をくださった中山先生とモラロジー研究所出版部に御礼申し上げます。

平成二十二年七月

渡部　昇一

目次／読書こそが人生をひらく——「少」にして学び、「壮」にして学ぶ

第三章　神話に触れる意義　93

第四章　歴史の真実に学ぶ　133

装幀　山田英春

第一章

読書は人間をつくる

四十歳になる前に名前が聞こえてこないと……

中山　私は現在、麗澤大学の学長職にありますが、麗澤大学を卒業後、上智大学大学院に進学しまして、英米文学専攻でイギリス文学の研究にいそしみました。渡部先生は、ジョン・ミルトン(1)をテーマとした私の修士論文の審査員のお一人でした。その後、母校の麗澤に戻り、専任教員として勤務するかたわら、週に一度、非常勤講師として上智大学と大学院で教鞭を執ったのですが、当時、私の出講日には講師控室によく渡部先生が遊びにいらしていて、ソクラテスとプラトンの対話とはいきませんが、英語や辞書の話をはじめ、政治、経済、歴史など、いろいろと楽しいお話をさせていただきました。

渡部　ええ、気がついてみたら、控室で話しているのは私たち二人だけということもよくありましたね。

中山　先生との対話で今でも印象に残っているのは、「四十歳になる前に名前が聞こえてこないと、一流の人物になれない。ひとかどの学者になるのなら、それまでに博士号を取るべし」という言葉でした。一般の方には、博士号と名の付くものはどれも同じに思えるでしょうが、実は二種類あって、「課程博士」と「論文博士」に分かれます。「課程博士」は大学院の博士課程で認定されたものを言いますが、当時は文系で博士後期課程に在籍して修了論文を書いても、そのままストレートに博士号を取れる人は皆無でした。単位取得満期退学になる人が大多数でしたし、それで満足するという雰囲気でしたね。現在では、課程博士が主流となり、ずいぶんと大量生産されているようですが、私たち以上の年代の感覚では、課程博士は研究者の卵であってもよいけれども、論文博士は、それ相応に完成された研究者であるべきだという認識がありました。また、夏目漱石ではありませ

(1) 一六〇八〜一六七四。イギリスの詩人。ケンブリッジ大学在学中から詩作を開始。一六四二年ピューリタン革命が起こると共和制を支持し、その指導者・クロムウェルのラテン語秘書官に。のちに失明。一六六〇年王政復古によってピューリタン革命は失敗に終わった。口述筆記により完成された叙事詩『失楽園』は、旧約聖書の『創世記』をもとにした、イギリス文学史上屈指の名作とされる。

んが、文学をやっている者が博士号を取るのは粋でないという意識もありましたね。ですから、先生の後押しをいただけなかったら、論文博士を目指す気にはならなかったと思います。もっとも、博士号を取ったときは四十歳を大幅にオーバーしていましたが。

渡部 それでも、やはり博士論文は書いておいたほうがいいんです。私はよく言うんですよ。「博士号は足の裏の米粒である。取らないと気持ちが悪いが、取ったからといって飯が食べられるわけではない」とね。気になるものなんです。

中山 博士号は運転免許みたいなものかもしれませんね。免許証があるから車の運転がうまいとは限らないけれども、それがないと車に乗れないというような……。当時、上智の大学院で英文学の論文博士号を取る条件には、出版された専門書があること、海外の学術雑誌に論文を発表していること、博士論文は英語で書くことなど、暗黙の条件がいくつかあったように思います。

渡部 英語で書くと世界中に見られるから、出すほうはきちんとしたものを書かないといけないということで緊張するんですよ。逆に日本語だと緊張しないから、内容が粗雑になりがちなんです。

中山　世界が読者だと思うと、緊張しますよね。その後、博士論文をもとに英語で著書を上梓しましたが、イギリスのオックスフォード大学出版局の『英語研究年次総覧』（The Year's Work in English Studies, vol. 83）に書評がもらえました。先生のアドバイスどおり、英語で出しておいてよかったと思っています。また、その英文を大学時代のチューター（学生への学習助言者）であったイギリス人詩人のギャビン・バントック先生に見ていただき、アドバイスが受けられたこともラッキーでした。

渡部　きちんと博士号を取っておけば、その後、専門と全く違う分野のことをやったとしても、「あいつ、英語学者のはずなのに変なことをやっている」と周りから言われることはない。そうしたことからも博士号は取っておいたほうがいいんです。

中山　渡部先生ご自身、英文法書の歴史について博士論文を書かれたあと、さまざまな分野で活躍されているわけですからね。

「彼はソーシャビリティー（社交性）がない」

中山　渡部先生は非常にたくさんの著書を出されていますが、翻訳本も多いですね。その中で、特に私の心に残っているのは、一千万人以上の人々に読み継がれているという世界的名著、イギリスのチェスタフィールド卿[2]の『息子への手紙』(Letter's to His Son) という書簡集なんです。渡部先生は『自分が栄える人生』というタイトルで三笠書房から出版されています。あれは原典の全訳ではなく、抜粋訳でしたね。

渡部　チェスタフィールドは、十八世紀のイギリスの政治家です。それが息子の教育に非常に熱心な人でして、わずか五歳の息子と手紙のやり取りを始めたんです。人生をいかに生きるべきかを息子に叩き込むためでした。そして一七七四年、彼の死後に出版されたのが『息子への手紙』でした。

中山　当時のイギリスは重商主義で、経済的発展を謳歌していました。チェスタフィールドはその中で、経済の繁栄を支える基盤としてマナーや道徳が必要だと説いた。現代の日本の状況と一脈通ずるところがあります。私は一七七四年出版の現物をイギリスの古本屋さんから買い求めました。第三版の四巻本です。

渡部　あれは全部訳したらかなりの分量になります。私は以前、神田の古本屋でスコット・ライブラリー版の書簡集を買いました。そこにはいいものが選んであって、そこからさらに私が選んで『自分が栄える人生』として出版したんです。

ところがあとになって知ったのですが、日本では明治八年に永峰秀樹という人の訳で『智氏家訓』という和装三巻本が出ていたんです。明治の初めのころに西洋に行った先覚者たちが、向こうで儀礼を知らないと恥をかくぞということで、非常に早い時期に訳されたんですね。ちなみに、チェスタフィールドは査斯徳費《チェストルフー》耳土《ルト》公となっています。

中山　先生は、どういうきっかけでその書簡集を読まれたのですか。

---

(2)　一六九四～一七七三。イギリスの政治家・文人。ケンブリッジ大学卒業後、若くして国会議員になる。書簡集『息子への手紙』はオランダ大使としてヘイグ駐在中にもうけた息子に宛てた書簡をのちにまとめたもの。機知と知性に富み、人生論の名著とされる。

渡部　大学二年のときにアメリカ留学の選考があったんですが、選考委員の一人であったアメリカ人の先生の反対に遭って、留学し損ねたのです。当時、私は英文科で一番の成績でしたので、私も周囲の人も自分が選ばれると思っていました。そこで教授たちがアメリカ人の先生に経緯を質《ただ》したところ、「彼はソーシャビリティ（社交性）がない」と言ったというのです。当時の私はちゃんとした服も持っておらず、破れた靴を紐でしばって履き続けるような徹底した貧乏生活をしていましたから、「社交性がない」と映ったのでしょうね。それでも、当時の私は、むしろ「明治以来、書生は弊衣破帽《へいいはぼう》が美徳だ」と思っていたのです。

渡部昇一氏

　大学卒業後は、大学院で学びながら中学校で英語を教えていたのですが、「将来また留学の話があったとき、そのチャンスを取り逃がさないためには、社交性を学ばなければいけない。どうしたらいいか」と考えました。そうしているうちに、英文学史で習ったチェスタフィールドの書簡集を思い出したんですね。安直なエチケットの本より、本物の社交性、マナーを学べる本を、ということからでした。さっそく古本屋で買い求め、授業のない時間に職員室で丁寧に読みました。非常に効果がありましたね。彼らの言う「マナー」や「社交性」の背後にある、イギリス、そして西洋の繁栄の時代の思想を把握することができましたし、どうすれば一人の人間として精神的な成長を遂げることができるか、どうすれば人の信頼を得ることができるか、自分は何を学ばなければならないか、ということが分かりました。

中山　そのような書物との出会いは貴重ですね。私は大学院時代、ミルトンの専門家で世界的権威であるエディンバラ大学のA・ファウラー教授とのご縁ができ、この先生に招かれ、同大学で個人指導を受けたんですが、あるとき先生に「イギリスのマナーを知りたいんですが、何を読んだらいいでしょうか」と尋ねたら、チェスタフィールドの『息子への手紙』と、デブレット社の『エチケット・アンド・モダン・マナーズ』（エチケットと現代のマナー）を勧められました。

渡部　古典とモダンなものを読めということですね。『息子への手紙』には、なるほど、ということが書いてありますね。たとえば、「マナーに関しては、教養のある女性から学ぶのが一番である」とあります。チェスタフィールドの頭にあったのは十八世紀の貴族社会の女性のことなんですが、「女性というものは思考力はともかくとして、マナーに関しては専門家であり、〝グレイスフル〟（社交上の優雅な仕種）である。その貴族社会での影響力は無視できない」というふうに言っています。

もう一つ、ユニークなところとしては、「歯をきれいにしろ」と。虫歯があると口臭がするから、人と話すとき引け目が出る。そうするとマナーが悪くなるって言うんです。

中山　私も大学の講義で『息子への手紙』から実際の英文を抜き出し、教材として講読したことがあります。マナーと聞くと固い話だけのような先入観がありますが、女性の褒め方まで息子に伝授していて、とてもおもしろく読めました。

デブレット社のマナー本でおもしろかったのはテーブルマナーです。たとえば、食卓では「客はあたかも食事をしていることを忘れているかのように振る舞え」

という、矛盾したようなアドバイスがあります。食事というのはメインではなく、親睦や会話のためのバックグラウンド・ミュージックのようなものだと言いたいんでしょうね。口に物をほおばってしゃべるのはもちろんご法度で、音を立てて食べたらだめだ、静かに食べなさい、ガツガツ意地汚く食べるなと、細かな注意が載っています。

渡部　日本との違いを一点だけ言えば、スープを音を立てないで飲むということですね。

中山　日本ではお茶をすすったりしますが、イギリスでは紅茶を飲むのでも音を立てるなといいますね。一度、イギリス人の友人を中華料理屋に誘い、麺を一緒に食べたことがあります。彼は入れ歯を外した老人のようにもぐもぐと音を立てずに麺を口の中に運ぶので、思わず噴き出してしまいました。私はここぞとばかり轟音をたてて麺をすすったら、「何をやっているんだ」といわんばかりの怪訝《けげん》な顔をされました。そこで、「麺は音をたてて食べるもので、こうしたほうがずっとうまい」と弁解しましたが、彼は最後まで無音で食べていました。

「本物」だからこその味わい

中山　先生はいつも書物に対する愛着といいますか、書物のすばらしさを示してくださいましたが、今は書物の存在そのものが危機に直面しているという見方があります。つまり「紙」の書物からＩＴを媒体とした書物への移行ですね。ホットな話題と言いますと、本や雑誌をデジタル化した電子書籍の普及でしょうか。米国ではアマゾンの「キンドル」やアップルの「ｉＰａｄ（アイパッド）」など、電子書籍に対応した端末の普及が活発となり、出版業界も戦々恐々としているようです。

私自身はアイパッドのほうはまだ予約も入手もしていないのですが、電子辞書やインターネットの辞書の恩恵には浴しています。海外旅行や出張にはコンパクトな電子辞書を持参しますし、英語辞書ではインターネットの「オックスフォード英語辞典オンライン」（OED Online）を頻繁に利用しています。ＯＥＤは英文

中山 理氏

学研究者にとって必需品といえる世界最大の英語辞書で、全二十巻にもなります。貧乏な学生時代は、全巻をそろえるお金もなければ、それを並べる場所もないので、二冊に圧縮されたコンパクト版を買い求めました。ところが、圧縮した分だけ字がとても小さくて、肉眼では読みにくいため、専用の虫メガネで読むわけですが、これが結構読みづらくて大変なのですね。それに比べるとOEDオンラインのほうは、字が読みやすいだけでなく、場所もとらず、単語を入力すればたちどころに該当画面が現れるので実に重宝しています。辞書に限らず、デジタル化やインターネットの利用というのは、非常に大きな動きだと思いますね。

渡部　インターネットはものすごく便利だとつくづく感じることがあります。私の最近の体験では、徳富蘇峰《とくとみそほう》の女性秘書だかが書いた本があると聞いて、インターネットで探してみるとすぐ見つかる。ああいう本は古本屋で探しても簡単に見つかるものではありません。これはインターネットの機能として申し分ないことです。タイトルだけ知っていて著者が分からないときも、インターネットで調べるとすぐ出てくるんです。たいへん便利なものだと感じました。そんなとき、人が「キンドル」などの話を持ち出して、「本の時代が終わった」と言う。でも、私はそれは違うと思うんです。

中山　先生にとって本とインターネットとの違いはどのようなものでしょうか。

渡部　私は本とインターネットによる電子書籍の違いに気がついたことがあるんです。それは、友人がすばらしいグレープフルーツを贈ってくれたときのことです。実にいいグレープフルーツでした。そのときにふと考えたのは、「待てよ、この中身は何かといったら、ビタミンCとクエン酸と糖分くらいのものだ。こんなものはサプリメントですぐに摂れる。なのにどうして、グレープフルーツの皮をむいてにおいをかいで食べるのか」ということでした。

そのときから、いわゆる食事とサプリメントの違いは、本とインターネットの違いではないかと思うようになったのです。この比喩はどこまでも発展します。たとえば食べ物は、非常に無駄が多い。分かりやすい例を挙げれば、物を食べるとウンチが出ます。サプリメントだけならおそらく出ないと思います。しかし、人間はウンチを出すことによって赤ん坊から子供、子供から大人になるんです。

サプリメントだけでも栄養は足りるはずですが、それで成長するかといったら成長しないのではないかと思うのです。やはり物をよくかんで食べ、そして無駄なものは出しつつ、という過程を経て成長があるんだろうと思います。サプリメントは味もなく、即効性でよく効きます。ビタミンＣが足りなければパッと飲めるし、できものができたらビタミンＢ２などを飲めば効き目があります。これはインターネットにたとえられます。

中山　なるほど。インターネットはサプリメントですか。とてもイメージしやすい比喩ですね。

渡部　ええ。しかしそこには、サプリメントのように即効性のものではなくても、おいしいものを食べればおいしいという肉体的な快感のようなものがあります。それから、緩やかではあるけれども食べた物が体をつくったりする。そういう非常に大きな差があるのではないかと思います。だから、われわれのように体ができた人間が自分に合ったサプリメントを選んで摂るのは非常にいいことですが、体のできていない人間がサプリメントばかりやっていてもしようがないのではないかと思うのです。

十年ほど前になりますが、私が大学を辞めるころにはインターネットが猛威を振るいはじめまして、学生たちは論文やレポートを書くときに読んでもいない参考文献をバーッと出してくるわけです。今は担当官が論文などを見る場合、そのテーマに関してインターネットで検索して、同じものがどこかに出ているのではないかと調べなければならない時代になりました。そういう学生は、まだ体ができていないうちにサプリメントに頼っているようなものです。体ができるまではまず本に頼り、自分で読んだ本から生まれた自分の思想で論文でもなんでも書いて、「あれは正確にはどうだったかな」と検討するときに、インターネットで調べるのがいいのではないかと思います。だから、本とインターネットでは基本的な差がありますね。

中山　そうですね。以前は大学の紀要論文なども、紀要を所蔵している図書館に足を運ぶか、余分に費用をかけてコピーを送ってもらうかしか方法がなかったのですが、最近はデジタル化が進み、インターネット上で閲覧が可能になりつつあります。また書籍を購入する場合も、直接出版社とコンタクトをとったり、われわれの学生時代のように神田の古本屋を探し回ったりすることはなくなりました。すべてインターネットで検索して、本の状態や価格などを比較しながら、自分にとってベストなものを選ぶことができます。先日も、韓国の『三国史記』(3)と『三国遺事』(4)の邦訳を読んでみようと思ってインターネットで検索したら、たちどころにほしいものが見つかり、注文しました。便利ですよね。いちいち古本屋に聞かなくても、インターネットの中の古本市場で探せるんですから。

ただし、インターネットによって非常に便利になった反面、正確な情報収集という点になると、思わぬ落とし穴もありますね。つまり、インターネットの情報

（3）朝鮮の現存する最古の歴史書。高麗の仁宗の命を受けて金富軾らが、新羅・高句麗・百済の三国から新羅統一期までの歴史を紀伝体にまとめたもの。一一四五年完成、全五十巻。

（4）朝鮮の史書。『三国史記』に漏れた事項や遺聞などを収録。高麗の忠烈王のとき、僧の一然（一二〇六～一二八九）が撰。仏教関係や民間伝承の記事が多い。全五巻。

には、質がいいものもあるし、悪いものもあるということです。さきほどのサプリメントの例でいえば、ほんとうに栄養価の高いものと低いものがあるようなものです。

渡部 ええ、中にはいんちきのものがある。

中山 誇大広告的なものだったり、剽窃《ひょうせつ》が疑われるものだったりとかね。他人の意見を引用するときは出典を明示するものなのですが、インターネットの場合は他人の情報を非常に簡単にコピー・アンド・ペーストができてしまう。だから、渡部先生のすばらしいところをコピーして貼って、あたかも自分のもののようにして見せることもできます。したがって利用する側としては、情報の出所、信憑性、質のチェックが常に必要です。それに、ある書物からある一節が引用されている場合、間違って引用されていることもある。私の場合は、一応、情報としてどういうものがあるかはインターネットで調べたりしますが、やはり気になる文章は原文に自分であたらないと安心できないですね。

それから、インターネットの場合は、以前にあると思った情報が、しばらくすると消されている可能性もあります。消えていなくても、アップデート（更新）

されると、どんどん情報が変わっていきますから、確かめようと思った情報がホームページ上で別物になっている場合もあります。だから非常に不確かです。
　でも、本だったら破損でもしないかぎり、情報が変わったり無くなったりすることはありません。また本の形、色、デザイン、本棚での位置などで、どこに何が書いてあったということが、記憶しやすくなります。

渡部　私の年になると、いちばん便利なのは昔読んだ本なんです。調べたいことがあって、ああ、あの本に書いてあったなと思って見ると、赤線が引いてある。本の裏表紙のあたりには、気になったことなどが書き留めてある。パッと分かるんです。だから、私は買った本は絶対に売らないですよ。
　インターネットは確かに便利です。でも、便利であればあるほど、そこにのめりこんで、それで事足りるという習慣ができてくるんです。本も買わずに済ませることになるから、ある意味では非常にかわいそうなことです。

青少年時代の本との出会い

中山　渡部先生は古書・書籍収集家として有名ですが、そのお話の前に、先生の青少年時代の読書にまつわる思い出をお聞かせいただきたいのですが。

渡部　私の最初の本との出会いは『幼年倶楽部』です。それから『少年倶楽部』も少し読みました。小学校に入る年くらいから「講談社の絵本」が出ましたね。小学校時代は、「少年講談」も読みはじめました。いずれも講談社のものでした。

最初に読んだ少年講談は、『一休和尚』なんです。それまではだいたい漫画本だったのですが、少年講談は活字ばかりで、ときどき挿絵がありました。それからほんとうの本読みになったような気がします。

一休さんの話は、わりと高級なんです。たとえば、「闇の夜に　鳴かぬ烏の声聞けば　生まれぬ先の親ぞ恋しき」などという歌がぽんぽん出てくるんです。意味はよく分かりませんでしたが、子供ながらにそこに深い意味があるように感じられました。

少年講談については『一休和尚』をはじめ、『宮本武蔵』から何まで全部集めようと思いましてね。そのころは戦争のために新しい本が出なくなってきた時期なんです。それで古本屋に行って、あれば買うし、父や親戚が東京や仙台に行くと聞けば、買ってきてもらいましてね。そうやって結局、全部集めてしまいました。子供ながらもその志は偉かったのではないかと思います。収集癖はそのころからあったわけですね。

それから、戦争中は読むものがありませんから、『キング』という大人の総合雑誌を読みました。『キング』は大正末期からあったものですから、そればかり読んでいますと、それまでの昭和の出来事をすべて体験したような気分になります。

だから妙な話ですが、昭和十二年に広田弘毅内閣がつぶれて宇垣一成大将に大命降下、組閣しようとしたときがあったんです。宇垣さんというのは軍縮[5]をやって、四個師団を廃止した人です。二・二六事件などで暴れる軍隊を抑えるのはこの人しかいないということで、宇垣大将に首相として組閣しろと大命が下ったんですね。そうしたら、陸軍が「陸軍大臣を出さない」とごねまして、結局組閣できなかったんです。そのときに、いろいろ苦労をしたけれどもついに組閣ができなかったとして、宇垣さんが汗を拭いているグラビア写真が『キング』に載っていました。そんなことを覚えています。

中山　私は小さいときから絵を描いたり、工作をしたりするのが大好きで、特に読書好きな子供ではありませんでした。雑誌は父に勧められて、世界文化社だったか、世界文化画報社だったか、記憶は定かでありませんが、『学習画報』などの学習グラビア雑誌を読んでいた程度です。それでも出身が三重県で小さいときから伊勢参りをしていた関係で、子供向けに書かれた日本神話の本や、世界の偉人伝などを読んだりしていましたね。たとえば、ワシントンが桜の木を切って正直に告白した話には、子供心にも感動した覚えがあります。また、祖母が仏教の信仰に篤い人で、父も宗教関係の本をそれなりに集めていましたので、父の本棚にあった本を勝手に取り出しては、拾い読みしていました。

高校時代になっても、これといったジャンルはなく、いろいろなものを乱読したという感じです。夏目漱石、森鷗外といった明治の文豪の作品、『論語』『大学』『孟子』などの中国古典の邦訳付き解説書、アベル・ボナールの『友情論』、イリーンの『人間の歴史』、第二次世界大戦で命を捧げた学徒兵の遺稿集『きけわだつみのこえ』など、父の勧めや学校で紹介されたものを中心に、手あたり次第に読みました。特に『きけわだつみのこえ』は、若くしてどのように死という過酷な運命と真摯に向き合ったのか、学徒一人ひとりの内面を知ることができ、深い感銘を覚えたものです。ところが、彼らが国家に対する忠義を貫こうと誓った部分は、初版本において、編集側の方針で削除されていたという話を耳にしました。岩波文庫だそうですが、これでは歴史の改竄《かいざん》といわれても仕方がない。読者としても裏切られたような気持ちになりますね。ぜひ、本物の遺稿を拝見したいものです。ちなみに遺稿集といえば、最近、ある翻訳書の「解題」を書くため

（5）大正十四年、加藤高明内閣のときに陸軍大臣・宇垣一成によって行われた陸軍の軍縮のこと。第一次世界大戦後、世界的に軍縮が大勢となって海軍力の縮小が主要国で協議されたが、陸軍でも極東における軍事的脅威が薄らいだことから、山梨半造陸軍大臣のもと、二度の軍縮が実施された。しかし、これを不十分とした政府・国民の不満と、大正十二年九月に発生した関東大震災の復興費用捻出のため、三度目の軍縮が行われることになった。

に、東京裁判で「戦犯」の汚名を着せられて処刑された方々の『世紀の遺書』（巣鴨遺書編纂会）を読んだのですが、こちらも受刑者の気高い精神に深い感動を覚えました。

渡部 私は本を読んでしばらくたつとまた読みたくなるので、何度も繰り返し読むことが多いんですね。子供のころからそうでした。さきにお話しした『一休和尚』をはじめ、少年講談なども、好きなものだと十回も二十回も読んだものです。

中山 確かに、また読みたくなる本がありますね。私の場合、やはりその文章が美しいということが非常に重要だと思うんです。文学をやっているからではないですが、たとえば『平家物語』の「祇園精舎《ぎおんしょうじゃ》の鐘の声　諸行無常の響きあり　娑羅《さら》双樹《そうじゅ》の花の色　盛者必衰《じょうしゃひっすい》の理《ことわり》をあらは（わ）す　おごれる人も久しからず　唯《ただ》春の夜の夢のごとし　たけき者も遂にはほろびぬ　偏《ひとえ》に風の前の塵に同じ」というのは、出だしがいわゆる七五調ですよね。非常にリズムがいいですね。だから黙読するよりも声に出して読んで、「ああ、いいなあ」と楽しんでいます。古典には声に出して読む心地よさといいますか、そういう語調の快感みたいなものがありまして、よく頭の中に入ってくるわけです。

それから、大学時代に英語を勉強しはじめると、日本文化を英語で説明した本が読みたくなり、新渡戸稲造のBushido,The Soul of Japan（『武士道』）と、岡倉天心のThe Book of Tea（『茶の本』）を原文で読みましたが、とてもおもしろく、勉強にもなりました。達意の英文で書かれ、内容もすばらしいと思います。

ただ、英文学を研究していてこんなことを言うのもなんですが、英文のものばかり、西洋のものばかりを読んでいると、ときおり日本のものを読みたくなります。いつも油をこってり使った洋食ばかりを食べていると、時として味噌汁と御新香と御飯が食べたくなるような感じですね。それに日本のものを読むと、肚《はら》にしっくりとおさまるのです。落ち着くと言いますか。最近、日本の古典なども読み返しています。たとえば、吉田兼好《よしだけんこう》の『徒然草』なども、昔読んだときよりも、ずっとおもしろく感じます。「つれぐ〳〵なるまゝに、日暮《く》らし、硯《すずり》に向ひて、心にうつりゆくよしなし事を、そこはかとなく書（き）つくれば……」と言いながら、結構、積極的にユーモアをもって孤独を楽しんでいる。自分の思うことに意識を集中しながら書き物ができるなんて、なんて贅沢な人生だろうと思いますね。

「友あり遠方より来たる　終日歓談す　友来たらず　終日閑を得」という自由自

在の心境と一脈通ずるところがあります。背伸びせず、静かに孤独を満喫する心境にあこがれますね。

渡部　私が以前、訳したことのあるP・G・ハマトン（一八三四〜一八九四）の『知的生活』（講談社学術文庫）の中に、ルネッサンス期のフランスの思想家・モンテーニュが塔にこもって読書にいそしむ逸話が紹介されています。小さな書斎で、ほんとうに自分の読みたい本だけを周りに置いて読んでいた彼が、『随想録』のようなすばらしい著作を世に出したわけです。

中山　ええ、ただやみくもに読書をすればよいというのではなく、モンテーニュのような選びに選んだ読書の仕方もすばらしいと思います。

私は毎晩、就寝前に枕元で読書をするのが習慣ですが、どうして読むのかというと、十七世紀のオランダの哲学者・スピノザも言っているように、自分の感情を浄化するには、それよりも高い感情に触れることが必要だと思うからなんですね。読書というのは著者との対話ですから、時空を超えていろいろな人と対話が楽しめます。また何度も読み返し、何度も対話をすることができます。その日に嫌《いや》なことや腹の立つことがあっても、良書からにじみ出る高く清い精神に触れて、カタルシスではありませんが、感情が浄化されるわけです。したがって、読めばかえって目が覚めてしまうような難解な専門書は読みません。読んでいて心が休まるもの、楽しいものです。麗澤大学創立者の廣池千九郎（65頁の注参照）の語録なども、私にとって最良のナイトキャップです。

読書は充実した人間をつくる

中山　最近「メタボリック・シンドローム」という言葉が聞かれますが、それは情報に関しても言えそうです。今日では、引用したくなるような名文ではなく、どうでもいいような情報が溢れ、一種のメタボリック状態になっているのではないかと思うときがありますね。インターネットの情報はまさに玉石混淆《ぎょくせきこんこう》です。今日のように情報が溢れている時代であるからこそ、余分な情報はそぎ落とし、ほんとうに滋養のあるものだけを摂取するようにしないと、情報のメタボリック・シンドロームになってしまう危険性があるのではないでしょうか。必要でない情報は意識的に遮断していかないと、情報過多になってしまって収拾がつかなくなるし、とにかく情報が多過ぎて処理しきれません。『イギリス史』を書いたイギリスの歴史家・トレベリアン（一八七六〜一九六二）も、こんなことを言っていました。「教育によって……本を読むことはできるが、読む価値のあるものを見分けられない人々が大勢生まれてしまった」というようにね。

それから、十七世紀のイギリスの哲学者・フランシス・ベーコン（一五六一〜一六二六）の言葉にこんなのがありますね。「読書は充実した人間をつくり、会話は機転の利く人間をつくり、書くことは正確な人間をつくる」（Reading maketh a full man; conference a ready man; and writing an exact man.）。「充実した人間」（full man）とは、「蘊蓄《うんちく》のある知性豊かな人、蓄えのある人」です。だから、そうなるには「読書」（reading）が絶対に必要なのです。学生時代にベーコンのいう「充実した人間」、そのように蘊蓄のある先生に出会えた人は、ほんとうにラッキーですね。

渡部　私の読書体験ということでいえば、旧制中学五年（現在の高校二年）から高校三年にかけて、佐藤順太という先生に教わったんです。その方は、普通の英語の先生ではないということはよく分かりました。そこで、卒業したときにはがきを書いたんです。すると「遊びにこい」と言うので、出かけました。それからずっと大学にいる間、先生は私が大学四年生になったときに亡くなられたので三年間になりますが、夏休み、冬休み、春休みと伺い、帰省しても自分の家にいるより先生の家にいるほうが多いくらいだったんです。

話をうかがっていると、学識があって、ほんとうの知識人だと感じました。まさに"full man"だったんです。英語の先生ですから、分厚いスタンダード辞典もあれば、ネルソンの百科事典もありました。田舎ですから、そんなのはめったにあるはずがないのに、自宅に置いておられるんです。

それから、親譲りの倹飩《けんどん》（細長い桐の箱）に詰めた日本とシナの古典が、天井まで積んでありました。それを先生は読んでいるんですよ。先生が「今の人たちは昔のものが読めなくなって残念だ」と言うので、私は『伊勢物語』の江戸時代の木版本、続け字で書かれた和とじの本を借りて、活字本と照らし合わせながら読んだことがありました。そんなことで私は木版本に興味を持って、『古今和歌集《こきんわかしゅう》打聴《うちぎき》』という、賀茂真淵《かものまぶち》の二十冊本を買った。千円くらいで安かったんです。それを先生の家に持っていって見せたら、先生が本を開いて「えへへ」と笑うんです。「え」と思ったら、「まあ見なさい」と先生が言うので見てみると、頭注なのです。私の持っていった本は頭注の小さな文字がぐちゃぐちゃして、あまり読めないんです。一方、先生のものはきちんと印刷されています。これが初版とあとの版との違いだということを、初めて知りました。何度も刷っているうちに版木がすり減るんだと。

それからは、何かいい本を読むと、その著者と語り合っているような気分になれたんです。ということは、そういう先生を知ったために、その体験が本に移ったような気がしました。さきほど中山先生もおっしゃいましたが、私は小難しい昔の古典などを読むと、著者が目の前で語ってくれているような錯覚というか、気分になれます。それはやはり佐藤先生と対話をした経験があるからだと思うのです。

中山　私が渡部先生から教えを受けたような感じですかね。私にとって同じように知性と蘊蓄を感じた先生としては、大学院時代に私の論文指導をしてくださったイギリス人のピーター・ミルワード先生がいらっしゃいます。ミルワード先生は

「文人」(man of letters) という言葉がぴったりの先生で、シェイクスピアの作品のいろいろな名文句を全部暗記していらっしゃいました。それが話の隅々に自然に出てくるんですから、すごいものです。それも文学とご自分のカトリックの信仰とが融合している。ああ、こういう方が西洋の知識人なのかなと思いました。ミルワード先生のお書きになったものを著書も含めて数十点ほど邦訳させていただきましたので、翻訳の技術が磨かれただけでなく、書かれている内容にも薫陶を受けました。

渡部　ミルワード先生は、日本にいる外国人としては稀な人です。シェイクスピアがあれだけ話題に出る人というのは、いかにシェイクスピア学者であっても、珍しいと思います。やはりあの方は古典的な教育を受けていらっしゃるんでしょう。だから古典の素養があるんですよ。

ところで、さきほどベーコンの言葉で「書くことは正確な人間をつくる」と引かれましたが、これはほんとうにそう感じますね。年を取るとだんだんと文章が粗雑になるものでして、特に口述してつくった原稿はしょっちゅう内容をチェックしなければいけません。はっきり覚えていたつもりでも、意外と違っていたりするんです。たとえば、江戸後期、蘭学者に対する弾圧事件で「蛮社《ばんしゃ》の獄《ごく》」というものがありました。それで捕らえられたものの、牢獄が焼けたときに逃げたやつがいるんです。劇薬で顔を焼き、人相をごまかして江戸で町医者をしているんだけど、結局つかまって自殺をする。その人は私の郷里・鶴岡出身の小関三英《こせきさんえい》だと思っていたんですが、調べてみると高野《たかの》長英《ちょうえい》だった。しょっちゅうチェックしなければいけないんです。

中山　そうですね。「正確な人」とは「正確な知識を備えた人」という意味だと思います。会話をするだけなら曖昧な知識で事足りるとしても、物を書くにはやはり正確な知識が必要ですからね。また物を書けば、それによって正確な知識も増えるというシナジー（相乗効果）もあると思います。

渡部　ええ、口述したものが悪いわけではありませんが、書くとずっと正確になりますね。

本という器を愛さなければ中身も身につかない

中山　私は麗澤大学の学長になるときに、お祝いとして渡部先生から短冊をいただきました。どういう言葉をいただけるかと思って拝見すると、江戸時代の儒学者、佐藤一斎《さとういっさい》(6)の「壮にして学ばば、則ち老いて衰えず」という言葉でした。

渡部　理科系の教師は、大学を離れれば実験できないという分野もあるので仕方がない面もあるのですが、文科系の教師でも、就職したあとは何もしないという人が圧倒的に多いんです。それで佐藤一斎の『言志晩録《げんしばんろく》』の言葉、「少にして学ばば、

(6) 安永元〜安政六（一七七二〜一八五九）年。林述斎、中井竹山らに学び、若くして林家の塾頭に抜擢され、岩村藩儒臣となる。林述斎没後は幕府儒官として昌平黌の教授に。門下は三千人とされ、佐久間象山、安積艮斎らの俊秀を輩出。『言志晩録』は後半生の四十余年にわたり記した随想録の一つで、『言志録』『言志後録』『言志耊（てつ）録』とともに『言志四録』と総称される。

則ち壮にして為すあり。壮にして学ばば、則ち老いて衰えず。老いて学ばば、則ち死して朽ちず」の中の一節を贈ったんですよね。

「少にして学ばば、則ち壮にして為す」というのは、これは誰でも分かっていることです。だから、教育ママは子供の尻をひっぱたいて勉強させて、いい学校に入れようとするわけです。まあ、いい学校に入れればやはりいい就職をしやすいし、「壮にして為し」やすいんですね。それから「老いて学ばば、則ち死して朽ちず」については、死んでからのことなので、あえて取り上げなくていいでしょう。それで問題は、「壮にして学ばば、則ち老いて衰えず」なんですよ。

「壮にして学ぶ」とは何事かというと、われわれ文科系の教師でいえば、授業をしているだけで「学んでいる」と錯覚を起こしてはいけないということです。大学生に教えているのだから偉いだろうと。講義のためにある程度の勉強はするかもしれない。しかしそれは学んでいることではなくて、日々の仕事をこなしているに過ぎなかったということが、定年になったときに途端に現れるわけです。

私が見るところ、定年だろうが何になろうが、文科系の人として全く仕事の質が落ちない人がいるんです。それは書物を愛した人なんですね。自分のライブラリーを持つことに情熱を注いだ人なんです。これはもう明々白々です。

中山　私が最近とみに心に留めていることですが、それ相応の社会的な地位を得ると、えてしてその地位に安住してしまい、心のすきが生まれることがあるわけです。周りの人もその地位に対して形式的であるにせよ敬意を表しますから、高慢心が出やすいのでしょう。そこで勘違いをすると、その地位がなくなったときに、取り返しのつかない結果が表れるのでしょうね。先生のおっしゃるように自分のライブラリーを持って、学び続けないとだめだということですね。

老人ホームに入っても、スタッフに高圧的な態度に出るのは、かつては「先生、先生」と呼ばれ、威張っていた人が多いという話を聞いたことがあります。与えられた地位に安住して知的修行を怠ると、文字どおり老いて衰えてしまう。だから、先生からその佐藤一斎の言葉をいただいて、私は自分の職務を誠心誠意果たすことに加え、知的な修行も怠ってはならないと肝に銘じました。

渡部　ええ、書物を通して自分を磨くことが大切なんです。

中山　学びというのはマラソンみたいなもので、ずっと走り続けなければならない。一度休憩すると、また走り出すには倍の努力がいる。だから知的習慣というのは非常に重要だということですね。

私も、本業の大学のマネジメントに加え、学外での講演会、学部や大学院での講義と論文指導まであリますが、やはり一日の中できちんと読書をする時間をなんとか確保するようにしています。渡部先生のおっしゃる、書物を通して自分を磨く「知的生活」の時間ですね。

最近は「ゆとり教育」の影響で、学生の知的レベルが落ちてきていますので、学生に合わせた授業ばかりしていると、教えるほうの知的レベルも落ちていくという悪循環に陥りやすい。先生がおっしゃるように、授業をこなすだけで満足してしまうと、充電の機会がなくなるわけです。乾電池と同じで、放電ばかりでは、電池が切れてしまう。やはり、事あるごとに知的充電を心がけないといけない。特に経済的にも社会的にも地位が上がる「壮」の時期に学ばなければ。老いて衰えては困りますものね。もちろん、「俺は定年後、蕎麦打ちを趣味にするんだ」と言う方がいてもいいとは思いますが、皆が皆、蕎麦打ちだけで老後を楽しめるとはかぎりません。

最近は人間の脳についての話題が豊富ですが、脳科学的に見て、人間には三つの基本的な欲求があるそうです。基本的欲求の第一は、生きたいという生存の欲求。それから無人島でも行かないかぎり、一人では生きていけませんから、みんなと仲よくやりたいという集団的欲求。そして三つめが知りたいという知的欲求だそうです。知的欲求が枯渇したら、人としての進歩も止まってしまうのでしょうね。それには知的な環境づくりも必要です。

渡部

昔のシナの『書経』にある言葉で、「玩《がん》物《ぶつ》喪《そう》志《し》」、つまり「器を愛して志を失う」という言い方があるんです。われわれの周りには確かにそういう危険もあるけれども、私が観察するとその逆です。器を愛さないと、その内容も愛せない。つまり、本という器を愛さないと、書いてある中身も身につかないということです。

私たちの若いころは、物資不足でした。そんなときは、それこそガリ版でプリントした物で自分の心を養ったという時期もあります。しかし、物が豊富になった今は、高いお金を払って価値のある本を買うことが大事なんです。そのお金があれば、女の子を連れて何回もいいレストランに入れるのでしょうが、それでも本を買うわけです。それが中山先生のおっしゃる「知的な環境づくり」の一環だと思います。

『書経』の言葉の「玩物喪志」ですが、これはその逆なんですね。「玩物喪志」とは、物を愛玩して志を失うことですが、私はその逆だと思うんです。むしろ「玩物養志」、玩物して志を養うことができるのではないかと思うのです。だから、中山先生は定年になろうと何になろうと、専門とされているジョン・ミルトンの本、それに関する本を愛し続け、ミルトンに関しては世界を引っ張っていくような研究を続けながら、あの世にいらっしゃることだろうと思いますよ。

第二章

蔵書を持つ喜び

自分だけの「図書館」をつくる

中山　渡部先生は知る人ぞ知る、日本屈指の古書・書籍収集家でいらっしゃいます。

私がイギリスのエディンバラに留学していたときに、何軒もの古書店が集まって古書フェアが催されたことがありました。古書店の主人に日本から来た留学生だと言うと、「ショウイチ・ワタナベを知っているか」と話しかけてきたんです。「ええ、私の先生でしたけれど」「彼はすごい。ダンボールで古書を買っていく。彼は何者だ。日本の大学の先生はそんなにリッチなのか」などと、やりとりを交わしましたが、「世の中は狭いもんだ」とびっくりしました。

さきほど、先生は書籍収集への思いについては戦争中から始まったとおっしゃっていましたが……。

渡部　ええ、せっかく少年講談の『一休和尚』をきっかけに読書に楽しみを覚えるようになってきたのですが、戦争が進んでいくことによって新しい本が出なくなっていったわけです。そういう時代環境が私のトラウマとなったのですね。あのとき、いくらでも本が買えるような状態だったら、こんなに本の収集に執念を持たなかったかもしれませんよ。

中山　以前、先生から「欧米には内容的にも価格的にも価値の高い本を所蔵し、蓄積して書斎を充実させて〝プライベート・ライブラリーをつくる〟ことが紳士のたしなみだった」とうかがったことがありましたが、先生の書斎・書庫はまさにその名にふさわしいものですね。つい最近は、ご自宅を新築され、書斎と書庫を新しくされたそうですね。

渡部　前の家では書斎も書庫も本が溢れている状態でした。こうした積んである本も全部書棚に並べてやりたいと思ったんですね。それで喜寿（七十七歳）を目前に大きな借金までして、百坪ほどの新しい書庫を建てたんです。われながら、なんという愚行であろうかと思わないでもありませんが……。

中山　愚行どころか、さすが「知的生活」を実践されている先生だと思いますよ。その書斎・書庫への思いは、どのようにして培われたものなのですか。

渡部　やはり佐藤順太先生の影響は大きいんですね。高校を卒業してまもなく、佐藤先生のお宅を訪ねたら、本物の書斎があったんです。当時、田舎にはそんな書斎のある家などなかったのに、佐藤先生はいつも本に囲まれ、着物を着て話される。そういう姿を見て、「ああ、こういう老人になりたいな」と思ったんです。

終戦後は住宅がありませんでしたから、上智大学では寮に住みました。寮は四畳半ぐらいの部屋で、そこに二人で住んでいました。だから、本を買っても置けないんです。「ああ、本を置く場所がほしいな」と思うようになって。で、大学院に入ってからは、志願して図書館に住まわせてもらったんです。

中山 図書館住まいとは、願ってもない最高の学習環境ですね。

渡部 図書館に住んで、書庫というものの本質に目覚めたわけです。あのころはわりと閉館時間が早くて、五時には閉めていたんですね。そうすると、閉館したあとは図書館全部が自分の家なんです。調べたいときには、スーッと上がれば何でもあるわけです。それで、本がすぐそばにあることは、なんと便利なことかと実感しました。借りなくてもいいし、貸出のカードをめくらなくてもいいし、誰かに貸出うんぬんなどと言われることもない。見たい本にすぐたどり着くわけです。おまけに本棚を見ていると、「あ、これも役立つ本だな」と分かるんです。そして、そうした本は朝までに返せばいいわけです。

そこで、あるとき私は考えたんです。大学の図書館が大きいのはいろいろなジャンルがあるからだと。同じ大学でも文学部だけならその量は少なくなるし、さらにそのうち、英文科だけならもっと少なくていい。そうやって考えていくと、自分に必要なものだけなら自分の図書館がつくれるな、と思うようになったのです。

中山　なるほど、それがプライベート・ライブラリーだと。

渡部　そう、そのときはまだプライベート・ライブラリーという言葉は知らなかったんですけれどね。でも、そのとき手に取るようにイメージが湧いてきたんですよ。気がついてみると、私の書庫は、今、世界のプライベート・ライブラリーでも屈指の大きさになってしまっているわけでして。

歴史の風雪に耐えて残っている本は「存在感」が違う

中山　量、質ともに決して自慢できるものではありませんが、私も古書というものに非常に魅力を感じている者の一人です。そして、私にそういう楽しい古書の世界へ足を踏み入れるきっかけを与えてくださった渡部先生には、感謝しています。

さきほど先生におっしゃっていただいたとおり、私の専門は、十七世紀のジョン・ミルトンというイギリス詩人の研究です。ミルトンの代表作は『パラダイス・ロスト』という叙事詩で、日本では一般に『失楽園』と訳されています。『失楽園』というと、渡辺淳一の小説のほうが有名でしょうが、私が専門としているのは、出版社の中年サラリーマンと美しい人妻の色っぽい心中話ではなくて、旧約聖書の『創世記』を題材にした壮大な叙事詩のほうです。私は学部時代にペーパーバック（並製本）でミルトンの書物を読んでいましたが、先生に古書収集の楽しみを伝授していただいてからは、どうしてもミルトンの時代の現物を見たくなってしまいました。

ただ、『パラダイス・ロスト』は一六六七年の作品ですから、とても初版本は入手できません。それでもいろいろと手を尽くし、一六八八年のジェイコブ・トンソン版の『パラダイス・ロスト』を手に入れることができました。これはジョン・バプティスト・メディナとベルナール・ラーンスという人の描いたエッチング（銅版画）が最初に収載された版なんですね。このエッチングは、必ずといっていいほど文学史の本に出てくるので、どうしても現物が見たくなり、買い求めたわけです。まず本の質感、それから装幀ですね。カバーもペーパーバックとは違い、革製ですから年季が入って黒光りし、重厚感がありますし、骨董品として非常に価値が高く、私の本棚の中でも抜群に存在感があります。

それからは海外旅行などで歴史のある町を訪れたときは、できる限り時間を見つけては古本屋巡りをするようにしています。いつも掘り出し物があるとは限りませんが、古本屋の店主と「この類の本はあるか」「いや、うちで置いている古書はちょっとジャンルが違う。それなら○○の店に行ってみればあるかも」などと、情報を交換し合うのも楽しい旅の思い出になります。

それと、今はインターネットですね。イギリスのオックスフォードに「ブラックウェル」という有名な書店の古書セクションがありますが、今はインターネットでやりとりができますので、その古本屋に「こういう本が欲しい」と、ある程度の情報を流しておきますと、入ったらメールをくれることになっています。また、それほど頻繁ではありませんが、定期的に本のカタログも郵送してくれます。ペーパーバックのような本、つまり表紙が薄っぺらで、読んでいるうちに本の内側の糊の部分がはずれてくるような本と、歴史の風雪に耐えて今に残っている本とでは、本自体の「存在感」が全然違うんですね。まさに手軽で安価なファーストフードで済ますのと、伝統的なフランス料理のフルコースに舌鼓を打つくらいの差があるように思えるのです。そのような本で学べば、勉強することと、美術品・工芸品を鑑賞することの両方を楽しめます。だから、古本屋のカタログなどで探していた本に出会ったりすると、昔の恋人に再会したような心のときめきがありますね。

というわけで、それからあとは病みつきになりまして、古本集めが趣味となっています。私の持っている本は形も大きさもまちまちで、一七六二年、ベニス出版の『ビブリオテカ・コンキオナトリア』という聖書の道徳・倫理思想の解説書（天地四十センチ、左右二十五センチ、厚さ八センチ）のような大型の本から、一八五九年、イギリスの詩人エドワード・フィッツジェラルドが英訳した、ウマル・ハイヤーム（ペルシアの詩人）の四行連詩集『ルバイヤート』（天地十センチ、左右六センチ、厚さ〇・七センチ）のような、掌に収まる豆本まであります。正確には、ミニチュアブックではなくスモールブックと言うそうですが、豆本でも表紙はりっぱな皮製です。豆本はかさばらないので、昔は旅行に行くときなどに楽しみに持って行ったのでしょうね。ナポレオンなどは、戦場でも豆本を読んでいたといいます。もともと豆本の起こりは携帯用の聖書の抜粋が必要だったからだといわれていますが、西洋のホテルに聖書が常備されていたり、バカンスの旅先で読書をしている西洋人を目にしたりしますと、さもありなんと思いますね。

本を買い続けているから四十年以上書き続けられる

渡部　さきほど、文科系の人で定年後も仕事の質が落ちない人は、書物を愛した人だと言いました。私は蔵書家といわれる人をあまりよく知らないのですが、谷沢永一先生という方をよく存じ上げています。この方が子供のとき、大工の棟梁であったお父さんが三畳か四畳の小さい書斎をつくってくれたそうです。戦中や終戦直後の中学生で書斎のある者なんていません。それで、友だちの小説家とかなんかが集まってしょっちゅうわいわいやっていたわけです。

中学生で書斎を持ったことが彼の土台となって、それから本の収集が始まりました。そのうち、お父さんがどこかから廃材を持ってきて大きな家を建て、五十坪くらいの書斎をつくってくれたんです。それで彼はますます本を集めることに熱心になり、八十歳までは知力も衰えずに書き続け、二つの月刊誌に毎号連載をしていたのです。これはやはり書物の力です。私は谷沢先生とは三十年前くらいからのお付き合いで、受けた影響は大きいのですが、私も玩物喪志じゃなくて「玩物養志」と思っていたせいか、やや谷沢先生に匹敵するものはありません。

これは自慢に思っていることですが、連載を続けているんです。今、これだけ英語が盛んだけれども、英語教育に関する雑誌というのは一誌しかありませんね。『英語教育』（大修館書店）です。高校や中学の先生、あるいは大学の研究者がみんな取っている雑誌だと思うけれども、ここに連載してから四十数年になります。その間、一度も休んでいないんです。

中山　私も先生の連載記事をよく拝見しますが、そんなに長い間続けられていたとは知りませんでした。

渡部　あの雑誌は月刊誌で、今は四百何十回です。その前に違うタイトルで二十回くらいやっていますから、もうほとんど五百回近いんです。自分の意見を言うこともあるけれども、だいたいはおもしろく読んだ英米関係の本についての紹介です。ということは、絶えず本を買い続けてきたからできたことです。

先行研究に学んで道をひらく

中山 先生は今、書庫に何冊くらいの本をお持ちなんですか。以前、十五万冊お持ちだとうかがったことがあるんですが。

渡部 数えたことがありませんから、実は正確な数は分からないんですよ。

中山 確か、図書目録をつくられて整理されたんですよね。中でも英文法関係の本は、世界中の本が先生のところに集まっているとか。

渡部 文法関係なら自慢させてもらいます。と言いますのは、私は今から五十何年か前に学位論文を書いたときに、初期の英文法についてやったわけですよ。

昔、自分が終戦後に英語を勉強したときに、受験参考書と辞書で勉強したわけです。そのとき、文法書というのはすごいと思いました。文法書とはそういうものだと思っていたわけです。

ところが、大学院に入って刈田（元司）先生というアメリカ文学の先生のところにお伺いしたら、「君、こんなのがあるんだよ」と、ベン・ジョンソン(1)の全集を見せてくれたんです。その中に十七世紀前半に出版された『英文法』という著作が収められていたのですが、読みはじめたら何が書いてあるのか全然分からないのです。私の知っている「英文法」とは違うということ、そして英文法にも〝歴史〟があることを悟ったのです。それで英文法の歴史を書いたものが何かないかと聞いて回ったんです。刈田先生からご紹介いただき、教育大学の先生だとか東大の先生のところに行ったけれども、誰も知りませんでした。

あとで分かったのですが、イギリスでもアメリカでも、最初の英文法が何であったかとか、英文法の歴史に関する本は一冊もないのです。一つの論文もありません。だから、日本の英文科の先生たちが全然知らなかったのもおかしなことではなかったのです。

(1) 一五七二～一六三七。詩人・劇作家・役者。幼くして父を亡くすが、故事研究家キャムデンによってその才能を見いだされ、ウェストミンスター・スクールで教育を受けた。宮廷仮面劇の第一人者であり、古典学者としても当代一流とされる。一六一七年ごろに書かれた『英文法』の原稿は死後の一六四〇年、フォリオ判二巻より成る著作集の中に収録して印刷された。

その後、私は幸いにドイツに留学することができました。当時のドイツは言語学の本場といわれたところで、古い英文法のリプリント（復刻）を戦前に行っており、研究も始まっていました。そして、世界最初の英文法の本はウイリアム・ブロカー（生没年不明、一五二〇年ごろから一五九〇年ごろまで主としてロンドンに住んだ）の『英文法』ですが、これはオックスフォードのボードリアン・ライブラリーにたった一冊しか残っていないことが分かりました。それを百年くらい前にドイツの学者が写して、ベルリンから復刻版として出版したのです。私はそれを使って研究したわけです。ボードリアン・ライブラリーのものなど、使えるはずがありませんからね。

その後、やはりオックスフォードのクライスト・チャーチ・カレッジにもう一冊あることが分かりました。だから、オックスフォードに二冊あったんです。ところが、おととしイギリスの古書業者から入った情報によると、某貴族の書庫を二百年ぶりに開いたら、あったというんです。それで私に買わないかと言うので、すぐに買いました。ですから、最初に印刷された英文法書というのはオックスフォードに二冊、そのほかにはケンブリッジにもないし、ハーバードにもな

中山　い。三冊目は私の家にあるんです。これは自慢になるでしょう。
世界に三冊しかないものの一冊が先生のところにあるとは、驚きですね。学問をするうえで、いの一番にすべきことは、すでに同じような研究がなされていないか、先行研究を調べることです。渡部先生はベン・ジョンソンとの出会いをきっかけに、英文法史の勉強を始められ、ドイツで学位論文（三百ページ）としてまとめられました。まだ英語圏には一冊の「英文法史」の本もなかった時代ですよね。その業績が高く評価され、三十五年後には同じドイツの大学から名誉博士号を授与されましたね。

渡部　ええ、イギリスに行けば、英文学や英語学の著名な学者がいっぱいいるのは十分知っていましたが、私が興味を持っていた英文法という分野においては、彼らより優れた業績を上げうることをわりと早くから認識していました。私が英文法史を研究したとき、英文法にかかわるただの一冊の英語の論文も本もなかったのですから。学位論文ができた時点においては、あらゆるイングリッシュ・スピーキングの先生よりも、当時二十九歳だった私のほうが偉かったということになります。

中山　英米人も、自分のお家芸であるべき英文法の分野で、日本人の学者にさきを越されたわけですから、きっと驚いたでしょうね。

ところで、文法書といえば、私どもの麗澤大学の創立者・廣池千九郎《ひろいけちくろう》(2)も、『支那文典』というユニークな中国語の文法書を一九〇五年に出版しています。廣池がまず何をやったかというと、やはり渡部先生と同じく先行研究の調査でした。支那文法研究の先行者には誰がいるかということを調べ上げたんです。するとこれも渡部先生と同じで、ドイツという国が浮かんできました。まず、ウィルヘルム・ショット（Wilhelm Schott）という人が『支那語辞典』（Chinesische Wörterbuch, Sprachlehre und Literatur）という本を出していました。でも、それは日本にはなかったらしいんです。もう一つの本がガベレンツ（Georg von der Gabelentz）の『支那文典』（Chinesische Grammatik）というもので、これは日本にありまして有名でしたが、ショットのほうが最初だということで、廣池は東京本郷区（当時）にある湯島の書肆南江堂《しょしなんこうどう》という古本屋の主人に相談して、何とか入手しようとしました。元値が一円か二円だったのですが、在庫がないものですから、ドイツとロンドンでわざわざ広告を出して、大枚百円も払って買い求めたというんです。

一円というのが当時でどれくらいの価値だったか分かりませんが、もし今でいう一万円の価値があるとしたら、一冊の本を百万円も出して買ったことになります。そのような多額の出費も、学問のためなら当然だと考えたのでしょう。手にした二冊のうち、ショットのほうは大意を理解できましたが、ガベレンツのほうは難しく、ドイツ協会に通ってドイツ語にさらに磨きをかけ、約一年かけて読了しました。本腰を入れて学問をするには、金銭を惜しまないという姿勢が必要なのですね。

（2）慶応二～昭和十三（一八六六～一九三八）年。法学博士。大分県中津市出身。青年期に教育者として初等教育の普及に取り組み、未就学児童のための夜間学校開設や道徳の教科書『新編小学修身用書』の執筆、日本初の教員互助会の設立などにも尽力した。さらに地方史の先駆けである『中津歴史』を執筆、のちに『古事類苑』編纂に携わるとともに、「東洋法制史」という新しい学問分野を開拓、大正元年に独学で法学博士号を取得した。大正十五年、『道徳科学の論文』を完成させ、総合人間学モラロジーを創建。昭和十年に「道徳科学専攻塾」を開設し、モラロジーに基づく社会教育と学校教育を共に行う生涯教育をスタートさせた。現在、社会教育は公益財団法人モラロジー研究所、学校教育は麗澤各校（大学・高校・中学・幼稚園）を有する学校法人廣池学園へと受け継がれている。

渡部　廣池先生も膨大な数の書物を集めておられたとうかがっています。以前、麗澤大学に伺い、「廣池千九郎記念文庫」を拝見してびっくりしました。

中山　現在はキャンパス内の廣池千九郎記念館の書庫にあるのですが、廣池は非常に多くの書物を集めており、私が書物の大切さを知ったのも、学生時代に廣池の蔵書目録作成のアルバイトをしたのがきっかけの一つだったんです。「廣池千九郎記念文庫」には和書が一万七千、漢籍が一万三千、洋書が二千五百、合計で三万二千五百冊。そして廣池直筆の原稿が二十万枚残っています。

この前も中国の北京師範大学や社会科学院の先生方が書庫を見学し、感心しておられたようです。特に漢籍は充実しています。たとえば、『論語』の注解を例にとりますと、『論語』の注解には魏の何晏《かあん》による古注と南宋の朱子による新注とがあるのですが、古いものでは江戸時代のものが残っていました。いちばん古いものが何晏の『論語集解《ろんごしっかい》』（注釈を集めたもの）で、出版年が一八三七年、天保八年ですから大塩平八郎の乱のあった年です。社会科学院の先生方もずいぶん欲しそうなお顔をされていたそうですが、こればかりはお譲りすることができません。

中世の「陽気なイングランド」を描いた『カンタベリー物語』

中山　渡部先生がお持ちの本でもう一つ、すごいと思うのは、ジェフリ・チョーサー(3)の『カンタベリー物語』です。あの物語は十四世紀、つまり中世に聖トマス・ベケット廟のあるカンタベリー大聖堂へ巡礼に行くときの物語ですね。いろいろな階層の人が巡礼に参加するのですが、旅の気晴らしに、みんなが順番におもしろい話をする。日本でいえば、伊勢参りのようなものと考えれば分かりやすいでしょうか。

渡部　そうですね。イギリスで最初に活版印刷物を出版したのはウイリアム・キャク

(3)　一三四〇?～一四〇〇。イギリスの詩人。エドワード三世、リチャード二世に仕える。外交使節としてイタリアに赴き、詩人・ペトラルカと出会う。ペトラルカが用いたソネット（十四行から成るヨーロッパの定型詩。ルネサンス期にイタリアで創始された）を英文学に導入した。主著は『カンタベリー物語』。豊かな人間洞察と学識により英詩の父と称される。

ストンという人（一四二二?～一四九二）ですが、『カンタベリー物語』はキャクストンによって最初に出版されたものです。

中山　キャクストンはどうして『カンタベリー物語』を刷ったのでしょうか。やはりロンドン方言で書かれていたからでしょうか。

渡部　当時、ロンドン方言がみんなにいちばん分かりやすかったんですね。しかし宗教戦争以後、『カンタベリー物語』はあまり読まれなくなったんですね。だから、十五世紀の後半にキャクストン版が出たあと、十六世紀に二、三度出版されて、そのあとはずっと出なくなるんです。十七世紀は一回も出なかったし、十八世紀は一回ぐらい出ましたが、ものすごく状態の悪いものでした。十九世紀に入り、ようやくW・スキート（一八三五～一九一二）が校訂したものが出たんです。それはなぜかというと、後世の人たちが中世の英語というものを読めなくなった、みんな分からなくなったからなんです。それでさきほども言ったように、ドイツの学者が文法研究に力を入れるようになります。そういうことで、また活字化ということになったんです。

それからもっと重要なことは、イギリスでは宗教改革のあと、カトリック教徒は一時国賊扱いになるんです。だから、チョーサーの『カンタベリー物語』もリプリントされなかったわけです。これは非常に重要です。

中山　イギリスを代表する作家であるチェスタトン（一八七四〜一九三六）が言うんだけど、チェスタトンがいたころの二十世紀の初めころ、どこかにみんなで旅行に行こうといったら、みんなが背広を着ているから職業の区別がつかない。しかし、カトリック・ワールドの中世では、職業別に着物も全部異なる、多彩な世界でした。「メリー・イングランド」をチョーサーの『カンタベリー物語』は活写しています。だから宗教改革後のイギリス、特にピューリタンの強い社会で読まれることはあまりなかったのです。

「メリー・イングランド」（陽気なイングランド）と聞いてピンとこない方もいらっしゃるかもしれませんね。これは古き良き時代のイングランドの呼び名で、その原型は中世、農夫が主役を演ずる牧歌的なユートピアのことですね。具体的なイメージとしては、かつてイギリスの村では、五月にメイデーという春を祝うお祭りをしていました。村の草地にメイ・ポールという柱を立て、野良仕事を終えた村人たちが集まり、バイオリンの演奏に合わせてその周りで輪になって愉快に踊る。日本の盆踊りのようなものでしょうか。しかし、宗教改革が起こると、そのような柱はローマ・カトリックと異教が残した過去の遺物だといって引き倒されてしまったと言われています。

そのようなピューリタン的粛清を受ける以前の「陽気なイングランド」を描いたキャクストン版『カンタベリー物語』は、世界の希覯本《きこう》と言われるものですが、それを日本人の渡部先生がお持ちになっている。どのような経緯で手に入れられたのですか。

渡部　私が買ったのはちょうど六十五歳のときでした。定年で、四千万円をちょっと切るくらいの退職金が出るということで、買おうと思ったんです。サザビーズ（オークション会社）で『カンタベリー物語』が出たときは、ちょうど三千万円くらい。オークションでどれくらい上がるかは分からないので、六千万円くらいまでは買ってやろうと思い、四千万円は定年退職金で、二千万円は借りられるように銀行に話していたんです。幸いその年はイギリスもアメリカも不景気で、サザビーズのオークションでは、「ここからオークションにかけます」という値段で落ちたんです。それでも手数料などを取られましたので、結局三千四、五百万円くらいだったと思います。

おととし世界古書学会がニューヨークとシカゴであって、ニューヨークのクリスティーズ（オークション会社）の幹部に聞いたんです。向こうはもちろん、私がチョーサーの『カンタベリー物語』を持っていることは知っています。で、「あの本を今オークションにかけるといくらくらいになるか」と尋ねると、「百万ドルからかける」と言うのです。当時は一ドル百二十円ですから、一億二千万円からかけると。

私の持っているのは絵入初版なのですが、絵の入らない初版があるんですよ。数年前、ビル・ゲイツとポール・ゲティがその絵の入らない初版を争って、十億何千万円までいったんです。それがグーテンベルク聖書（ドイツの活版印刷発明者、ヨハネス・グーテンベルクにより世界で初めての印刷物となったとされる聖書）を除く本としては史上最高の値です。私は絵入初版のほうがいいと思っているのですが、絵入初版のほうが出版年が数年遅いのです。ただ、数年の差で絵があるかないかは大きいと思うのです。絵が入っていますから、初版をそのまま写した版ではないのです。だから絵入初版か絵入らず初版かといえば、私は絵入初版のほうがいいのではないかと思っています。

絵入初版は今、世界で十二冊しかないんです。絵の部分を切り取っていったりするために、ページがずいぶん減っているんです。

中山　なるほど。ヨーロッパやアメリカの古書店に行けば、一般書から切り取ったエッチングの挿絵だけを販売している店がありますね。もちろん、世界で十二冊しかないような本の挿絵は入手できませんが、先日もドイツのベルリンの書店で本から切り取られたと思われる十九世紀後半のエッチングを買い求めました。ところで、先生の御本は絵が全部そろっているものですか。

渡部　全然減っていない本は、オックスフォードに一冊あるだけなんです。減り具合がいろいろとありまして、十二番目くらいのはだいぶ減っているんです。私のものはちょうど真ん中くらいです。絵が切り取られているものは、皆、元のものから写して補っているわけです。

ダーウィンの自然選択説をめぐる謎

渡部　『カンタベリー物語』に限らず、いい本の初版はものすごく高くなるんです。私はダーウィンが好きで『種の起源』も買いました。これも買ったときの七、八倍の値段になっています。

中山　『種の起源』の初版本は何冊ぐらい出たんですか。

渡部　千冊ぐらいじゃないかと思います。

中山　ダーウィン(4)とウォレス(5)が交わした手紙が出てくるとおもしろいですね。

(4)　一八〇九～一八八二。イギリスの生物学者。進化論を提唱。一八三一年から五年にわたりビーグル号の世界一周航海に加わり、動植物や地質を調査。一八五八年にウォレスと連名で進化論について発表。翌年『種の起源』を刊行。

(5)　一八二三～一九一三。イギリスの博物学者。マレー諸島を中心に生物相の研究をし、動物分布の境界線となるウォレス線を指摘した。

渡部　あれは消えてしまったでしょう。私はウォレス書簡集は持っているんです。あれは珍しい本です。

中山　ダーウィンとウォレスとの文通で不可解なのは、ウォレスの初期のころの手紙が七、八通まるまる紛失していることです。ダーウィンは知る人ぞ知る手紙魔で、重要な手紙はすべて保存する習慣のあった人ですから、普通に考えれば、まずありえない出来事ですよ。一方、ウォレスのほうは、ダーウィンからの最初の手紙八通を大切に保管しています。そんなことがあるから、アーノルド・ブラックマンの『ダーウィンに消された男』（朝日新聞社　一九八四年）のような本が世に出るわけです。この本によると、ダーウィンとウォレスが自然選択説を共同発表したのには何か裏があるというのです。実はウォレスがダーウィンより先に学説を完成させていたのではないかというんです。それを知ってあわてたダーウィンが、その学説を先取りする権利を手に入れるために、共同発表を仕組んだという疑惑ですね。さらに、そのとき、ダーウィンは共同発表することをウォレスに一言も相談していないんですよね。そのようないわくつきのリンネ学会の会報を、渡部先生は持っていらっしゃる。

渡部　ええ、この会報は日本にはほかにないのではないかと思っています。中山先生がおっしゃたように、自然選択説は一八五八年七月一日にロンドンで開かれたリンネ学会で、共同発表という形で出されました。当のウォレスはそのころ、ボルネオの近くにいて知らなかったと思います。

中山　その会報を、先生はどうやって入手されたのですか。

渡部　アメリカがものすごく不景気だったときがあったのですが、そのときに博物館が潰れてしまったんですね。それで出てきたのだと思います。

私がエディンバラに行ったときも、サッチャーが出てくる直前で、経済がどん底の状態のときでした。エディンバラのシグネット・ライブラリーという指折りのライブラリーのかつての館長が、よき時代のブリタニカ百科事典の編集長だった人で、世界中からいい本を集めたんです。それを全部売ってしまったのです。残すのはスコットランド関係の裁判とか何かに関係するものだけだと。なぜそうしたのかと尋ねると、館員の給料だというんです。だから恐ろしいものだなと。貧すれば鈍す、というものの、ほんとうは人員を減らしても本を残さないといけない。逆なんです。もっと驚いたのは、世界的に有名な図書館の本がオークションにかけられるというので、世界中から古本屋がエディンバラに集まっているのです。なのに、それを嘆く声がスコットランドにない。潰れたものは仕方ないということでしょう。本よりは館員の給料と館の維持費だということだと思います。日本だって終戦直後はそれと似たような話が結構あったんです。反町弘文荘《そりまちこうぶんそう》という古本屋の反町茂雄さんが書いた本（『一古書肆《いちこしょし》の思い出』）の中にありますが、京都に某子爵家があるんですね。神道の中心みたいなところで、貴重な史料などがあった。反町さんの本には、その子爵家が戦後困窮してしまい、超貴重本や史料を売り出すことになったのだけれど、そのときに「ご主人は全く惜吝《せきりん》の色を見せなかった」と書かれています。貧すれば鈍す、花より団子です。

文科系の人間にとって書物は「武士の刀」

中山　先生がそのように高い本を買う場合の基準というのは何かおありなのでしょうか。

渡部　一つはやはり、これまで大学で教えたことがある本だということです。そしてカトリックの関連本であること。それから、やっぱり古書の世界からすると、世界中の人が目の色を変えるものを持ってやろうという虚栄心もあります。私はその虚栄心を隠すつもりはありません。なぜならば、最初プライベート・ライブラリーのイメージを与えてくださった佐藤先生はこういうことをおっしゃったんですね。

昔の武士たち、まあ庄内藩の武士になりますが、彼らは絶対に贅沢をしなかった。贅沢をすることが許されなかったわけです。しかし、たった一つだけ大目に見てもらえることがありました。それは刀関係に凝ることでした。鍔《つば》のいいものを買ったり、いい刀を無理して買ったりするのはいい心がけだとされたのです。考えてみたら、文科系の人間にとって、書物は武士の刀みたいなものです。だから、文科系の人間は本については贅沢をしてよいと、私は考えるわけです。理科系の人の場合は実験の設備を自慢すればいいけれど、自分の家に設備を作るわけにいかないでしょうから、それは予算をとって作ったということを誇りにしてもいいでしょう。文科系の人間の場合は絶対に本ですよ。

中山　失礼ですが、先生がたくさん本を買われることで、奥様からお小言はないんですか。

渡部　それについては、こういうことがあったんです。結婚して間もないころ、私はDNB、『大英人名辞典』（Dictionary of National Biography　英国人で顕著な功績を残した故人についての詳しい伝記を事典形式に編集したもの）を買うか買わないか、迷っていたことがあるんです。あれは当時、新刊で買うと給料よりずっと高かったんですよ。悩みましたよね。そうしたら、家内が「あなた、何を悩んでいるんですか」と言うわけです。それで、DNBを買うか買わないかで悩んでいるんだと言いますと、「それは非常に必要なものですか」と聞くので、「ああ」と答えると「自分の職業に必要なのに、迷っているなんて、おかしな人」と言われてしまいましてね。かといって、彼女が山内一豊《やまのうちかずとよ》の妻みたいに、鏡の裏から「ここはこのお金を使ってください」と出してくれるわけではないんですが……。ただ、DNBを買わないでいると家内に軽蔑されそうだったものですから、すぐに買いました。こんなふうに、家内は本については非常に寛容だったんです。ところが、ここ七、八年くらい、家内は本に対して反感を持つようになってきましてね。なぜかというと、私の本が増えすぎて、自分の居住地を侵されると感じたようなんです。本のせいで友人たちを呼べなくなった、と。だから、引っ越したわけです。それ以来、家内は何も言いません。ふたたび本に対して寛大な姿勢を見せてくれています。

中山　そうでしたか。ありがたいことに、私の妻も本を買うことには一切口出ししません。その代わり私も、妻がどんなバッグを買おうが一切口出ししないことにしています。お互いに踏み込まないテリトリーを持つことが、夫婦円満の秘訣かもしれませんね。

先人の実行力が編んだ日本最大の百科史料事典『古事類苑』

中山　キャクストン版の『カンタベリー物語』とまではいきませんが、私どもの大学の創立者・廣池千九郎が大切にした古書には何があるかを調べたことがあります。そうしたら、「この書は日本はもちろん、支那にても絶えてなし。貴重品中の貴重品なり」という廣池の自筆のメモが挟み込まれた希覯本があったんですね。

それは何かというと、『故唐律疏議《ことうりつそぎ》』です。唐律というのは、唐の時代、七世紀ごろの法律で、刑罰を記して注釈を加えたものを「疏議」といいます。したがって、内容は律条文や注釈を明らかにしたものです。それに「故」がついているのは、宋と元の時代の特徴です。これは廣池が『古事類苑《こじるいえん》』（日本最大の百科史料事典）の編纂に携わりましたとき、編修長の佐藤誠実《さとうじょうじつ》(6)という国学者から、非常によくやってくれたということでプレゼントされた本なのです。いつごろの本なのか調べてみると、元版の重版でした。元のいつかというと、至順《しじゅん》とありましたので一三三二年、序は「清の嘉慶十二年」と書いてありましたので一八〇七年ですね。つまり元版を清の時代に再版というか、重版したものだということが分かります。非常に貴重な本がうちの書庫にもあったわけです。

渡部　宋の時代、元の時代の本というのはものすごく貴重なんです。たとえば北宋の本などは、日本にしかないのです。シナにもないのです。

中山　灯台もと暗しとはまさにこのことでした。

渡部　廣池先生がそれだけ本が好きだったということは、私も書庫を拝見してびっくりしました。というのは、昔読んだ本に、「日本では紳士と言われるような人でもライブラリーがない。書斎というものがない。しかし西洋に行ってみると、少なくともジェントルマンといわれるような階級には全部書斎がある」と書いてあったんですね。ところが、廣池先生は書斎どころか、大書庫があったのだからたいしたものです。

中山　やはり十三年も『古事類苑』の編纂事業に従事したこと、そしてその仕事を廣池に紹介した国学者の井上頼圀《いのうえよりくに》(7)との出会いが非常に大きかったと思います。

渡部　あの手の辞書は、世界に例がないでしょう。

中山　ないですね。本文千巻、和装本で三百五十冊、洋装本で五十一冊ですけれども、書籍、図版、書簡、古文書などから直接原文を引いて、ああいうふうに説明した

(6) 天保十〜明治四十一（一八三九〜一九〇八）年。国学者、文学博士。東京大学講師、東京音楽学校講師等を歴任し、『古事類苑』編修長を務める。帝国学士院会員。

(7) 天保十〜大正三年（一八三九〜一九一四）年。国学者、文学博士。國學院（大学）教授、学習院（大学）教授を歴任する。『六国史』の校訂、『古事類苑』の編修、『平田篤胤全集』の出版等に尽力した。

ものはないと言われています。

渡部　あれは私も買ったのですが、あの本を使えばいくらでも本が書けます。ただ私はやらないだけの話です。

中山　持っていても使いこなすのは大変ですからね。

渡部　竹村健一さんのご次男が大学で先生をされているのですが、以前、うちに遊びに来たとき、『古事類苑』の話になりました。その後、「私も買いました」とおっしゃっていましたね。だから、私は『古事類苑』を自分で買った人間を二人知っていることになります。私と竹村さんのご次男です。

中山　『古事類苑』には、どんなことでも調べていけば必ず載っています。しかも、原文（漢文・古文）が書いてあるから引用自在なのです。だから、いかにも原本にあたったふりができるんです。ところが最近の学者は、きっとここから取っているに違いないと思えるような原稿でも、そうとは言わないですね。しかし、だいたいは『古事類苑』ですよ。そこから取ったと書いても嘘ではないのにね。

中山　知る人ぞ知る秘蔵の種本というわけですね。その宗教、政治、法律、文学など、全体の四分の一くらいは廣池が担当し、中でも宗教部はほとんど一人で書いたということです。当時、廣池は、上野の帝国図書館に通ってもいたのですが、そこに収蔵されている四十万冊以上の本を一人で調べた人がいるということで、「萬《よろず》朝報《ちょうほう》」という黒岩涙香《くろいわるいこう》が創刊した新聞に廣池の紹介記事が出たそうです。

渡部　『古事類苑』はなぜつくられたのですか。

中山　あの時代の背景として、日本の伝統的な文化の全体像を国内外に伝えたいという熱い想いがあったからだと思われます。明治政府は近代国家建設に向けて、西洋の近代文明・文化を急速かつ積極的に取り入れてきたわけですが、このままの性急な政策を続けていれば、国全体が混乱してしまいかねないという危機感があったようです。今でいうグローバル化の波に呑まれる中で、日本国の原点を明らかにする必要に迫られたのではないでしょうか。また、諸外国と比べれば、清には『淵鑑類函《えんかんるいかん》』（四百五十巻）があり、イギリスやフランスには百科事典がある。もちろん、日本にも菅原道真《すがわらのみちざね》が編纂した『類聚国史《るいじゅうこくし》』や水戸光圀が集成させた『礼儀類典《れいぎるいてん》』はあるものの、故事を広範囲にわたって調べるとなると、グローバルなスタンダードで諸外国に対抗できるような百科事典の類がなかったという事情もあります。

この編纂事業は明治十二（一八七九）年、文部省の事業として着手されました。企画を提唱したのは、当時文部省大書記官（報告課長）であり、教育思想家でもあった西村茂樹博士です。その後、何度か中断され、東京学士会院、皇典講究所（國學院の前身）、神宮司廳がこの事業を受け継いで、明治四十年にようやく完成しました。神宮司廳だけでも、今で言うと十億円以上の出費をしてこの事業を支援したわけですので、まさに国家の威信をかけた一大編纂事業だったと言えると思います。

渡部　あれは、ほんとうに明治の人たちの計画力というか、実行力の驚くべき例ですよ。

私は、明治の人たちがイギリスに行って驚いたのは、『ブリタニカ百科事典』(8)を見たことだったと思うんです。あれを見て、日本にもこういうものがなければいけないということで、三省堂から『日本百科大辞典』を出したんです。これは、今でも古本屋にあったら買ったほうがいい。すごくりっぱなものですから。たとえば「教育勅語」を引きますと、まず英訳も出ていますし、どういうプロセスでできたかが書いてありますし、その倫理学的根拠とかみんな書いてあります。だから、三省堂が一度つぶれたときは、渋沢栄一《しぶさわえいいち》などが出てその辞典のためにがんばったわけです。ほんとうに、それは大帝国海軍をつくったようながんばり方なんですよ。ところが戦後の百科事典を見ますと、教育勅語の批判は書いてありますが、勅語自体が載っていない。もちろん、できたプロセスは書いてない。話にならない……。

中山　廣池先生のほうも同じようなセンスがあったから、『古事類苑』のようなものがつくれたんです。それでなければできないです。

渡部　そのがんばりを支えたのが愛国心で、国学などを通して培われた明治の人々の自国の伝統文化に対する誇りがあったからでしょう。

ただ、明治の人たちのがんばりについて、一つだけ残念だったと感じることが

（8）国際的な英語の百科事典。初版は全三巻、一七六八～一七七一年にかけて刊行された。エディンバラの版画家ベルと印刷業者マックファーカーらが、四つ折本百分冊を毎週刊行する計画で出版を始め、完結後三巻にまとめた。当初は英国の学者の論文を集めたものであったが、版を重ねるごとに手が加えられ、世界的な百科事典となった。現在はアメリカのシカゴを中心に編集・出版が続けられている。

ります。それは、あの明治の人たちが「大人名事典」をつくらなかったこと。「大人名事典」だけはイギリスのほうが圧倒的にすごいですよ。DNB（『大英人名辞典』）は、まず二十何巻までつくって、十年ごとに刊行されました。最後は五年ごとに出して、今は全部つくり直して六十一巻（二〇〇四年に全面的に改訂。現在は『オックスフォード大英人名辞典』〈ODNB〉として刊行されている）です。

中山　あれに比べると、日本の紳士名鑑などは少々もの寂しく感じますね。

渡部　あれだけは、明治のファイトのある人がつくるべきでした。最近はODNBも考えまして、悪いことをやった人についても書くんです。これは効きめがありますよ。スパイをやったなどということも書きます。だから、日本でも、「この男は母親からものすごく金をもらったけれども、ごまかした人である」などと書けば、これは勲章とかの問題ではないですよ。

中山　それはおもしろいアイデアですね。とりわけ現代のように政治が混迷を極め、政治家としての資質を疑いたくなるような議員の目立つご時世では、話題には事欠きませんね。

渡部　本は残りますからね。だから私は、一国の風教を正すのに「大人名事典」ほどいいものはないと思います。

中山　そうですね。それにしても、執筆者が買収されないようにしないといけませんね。知的良心のある人が書かないと。

渡部　そう、買収されないようにね。

日本は書物を大切にして学び続ける国

中山　『古事類苑』の話に戻りますが、廣池は執筆に携わったとき、貧乏で生活費にも苦労したわけですが、原稿料が入ってもそれを遊楽費に回さず、ひたすら書籍購入に充てました。前にも申しましたが、おそらく、推薦者の井上頼圀の影響があったのではないでしょうか。井上は校訂の専門家で、その蔵書は廣池が感激するほどりっぱなものだったようです。現在、井上の蔵書は神習《かんならい》文庫として東京都町田市玉川学園にある専門図書館に所蔵されているそうです。学者だけでなく、経済人でもそういう文庫を持っていた人がいますよね。東洋文庫もそうですね。

渡部 あそこは三菱財閥の岩崎久彌が、当時中華民国の総統府顧問を務めていたモリソンの所蔵するシナに関する欧文文献の膨大なコレクションを購入したことに始まります。まあ、岩崎さんの場合は国のために買ったんですが。

中山 アジア研究のためでしたね。

渡部 オックスフォードの最初の比較言語学教授（東洋学者）でマックス・ミューラーという人がいて、この人も大図書を持っていました。彼が死んだとき、やっぱり岩崎家が当時の金額で五万円で買って、東大に寄付したんです。ただしそれは、残念なことに震災で焼けてしまいました。ただ、そのときのリストが残っているんです。それを復元しようと、ジョージタウンの先生がわざわざ来たことがありますよ。あのころの金持ちというのはたいしたものです。

中山 人間の価値は、金をどう儲けるかではなく、儲けた金をどう使うか、その使い方で決まる、とはよく言ったものです。

渡部 静嘉堂文庫などというのも、清朝がごたごたしているときにシナの最大の古書収集家であった陸心源《りくしんげん》の没後、その息子の陸樹藩がごたごた続きの国の将来を考え、自分のコレクションを守ってくれるところを探していたとき、その蔵書を十

一、二万円で買い取っています。シナで本の出版が盛んになるのは、宋の時代（九六〇～一二七九）からなんですが、徳富《とくとみ》蘇峰《そほう》らが岩崎家に「これは散らしてはならない本だから」と頼み込んだんです。今、静嘉堂文庫には宋の時代の本は二百冊あって、シナに一冊もない本さえも所蔵されているんですね。陸心源という人は宋の時代の本を二百点も持っているというので、自分の書庫を皕宋楼《ひょくそうろう》と称していました。皕という字は、百を二つ並べて「二百」という意味です。宋槧本《そうざんぼん》二百部のほか、全部で二十万巻以上あったといいます。それを岩崎彌之助さんが、徳富蘇峰や島田翰《しまだかん》のアドバイスを得て買ったのです。

中山　あちらで古書を手に入れるのは難しいですね。文化大革命以前もそうだったのですか。

渡部　シナだけでなく、朝鮮も古い本はあまりないです。ほんとうにないです。日本から見れば、砂漠です。

明治維新のころ、西洋の学問が盛んになって、日本に眠っていた漢籍がたくさん売りに出されたんです。そうしたときに、楊守敬《ようしゅけい》という向こうの知識人が大使として来て、シナにない本がいっぱいあると言って、神田から買って帰ったんです。今、神田でいちばん大きい本屋なんて、そのときそうとう儲けたといわれていますよ。

数年前、古書学会で台湾に行き、向こうの古書を見せてもらったんです。故宮博物院とか台湾大学の図書館を見せてもらうと、シナの本で貴重本というのはみんな楊守敬の判子が押してある。楊守敬が日本から買っていったものなんです。

松平定信のころに、林家を継いだ林述斎《はやしじゅっさい》（一七六八～一八四一）という男がいます。この人は美濃国《みののくに》岩村藩主松平乗蘊《まつだいらのりもり》の息子で、当時のシナにはなくて日本にあるという本を集めて印刷した人なんです。江戸時代でも朱子学を基礎としてシナに学ぼうという認識があったんです。

日本で印刷を始めたころは、藤原惺窩《ふじわらせいか》（一五六一～一六一九）だってシナにあこがれてあこがれて、ぜひ一度行きたいと渡航を企てますが、鬼界が島に漂着して失敗しています。それほどあこがれていたんです。荻生徂徠《おぎゅうそらい》（一六六六～一七二八）のころまではそうでしたね。でも、江戸末期になると清国に対して劣等感が全くないですよ。もうこっちのほうがよくなったということなんです。研究が進むと、朱子学より孔子そのものに戻るという古学派が出たり、儒教の理想は日本のような万世一系の皇帝だということに気づいたり、シナ語には変化がないのに日本の動詞には活用形があるとか、また文献的考証などでも、幕末近くになると、シナに対する劣等感がなくなります。江戸初期とは大きな違いです。

第三章

神話に触れる意義

考古学と歴史の本を混同してはならない

渡部　本の本質について考えてみたんですが、本の本質というのは人間の本質と分かちがたく結びついていると思います。人間の本質を考えるうえで、ほかの動物と違うところはどこかと問うと、今はDNAなどで調べて九八パーセントは猿と同じだといわれます。では、二パーセントの違うところはどこか。肉体的な問題ではありません。肉体的には、せいぜいしっぽが短くなったくらいのものです。決定的な違いは、間違いなく言語能力です。外から見て、人間といちばん高級な猿とを区別するものは言語しかないんです。言語は文化を伝承する力を人類に与えました。だから、人類になってから着実に進化しているわけです。

言い伝えができるようになって、人類はそのうちそれを書くことを覚えます。それからが爆発です。書くことによって何ができるかというと、伝承が何代にもわたってできるようになりました。それから、本は地球の裏側にまで届くんです。

本というのは、実に人間の本質に基づいたものなんです。その意味では、現在のインターネットなどでも届きますが、それは、さきほどの話のように削除されてしまうことがある。けれども、本にすると恒久性というものができるんです。

中山　それにインターネットはヴァーチャル・リアリティーで、現物の本のような実在感というか、臨在感がありませんね。本棚に愛蔵書が鎮座しているという知的風景も大切だと思うんです。

渡部　それからもう一つ、本の重要さを訴えようとすれば、それは考古学の重要さとは違うという言い方ができると思います。私は最近、考古学と歴史の本とを混同されることが非常に不愉快なのです。これもまた比喩で言うことができます。

夏目漱石の家にどろぼうが入った。あのころのどろぼうのジンクスに、入った家から出るときにウンチをすると捕まらないというのがありました。やはり漱石の家に入ったどろぼうも、庭にウンチをしていきました。そうしますと、警察は入ったどろぼうの足の跡の大きさから体の身長・体重がだいたい分かるんです。それと、ウンチから何を食べたかということがだいたい分かります。でも、どろぼうが何を考えていたかは分かりません。しかし、もしそのどろぼうが、仮に非常に不完全なものであっても、手帳でも落としていけば、状況はガラリと変わるわけです。

歴史というものは、遺跡をいくら掘り返してもそう分かるものではないんです。ところが、『日本書紀』『古事記』のようにあれだけ書いてもらうと、だいたいそのころの人間が考えていたことが分かるということが重要です。掘り返した石をいくら眺めていても、分かりはしません。

たとえば日本の天皇は大陸から来たというようなおかしなことを言う人がいますが、それは騎馬民族説という説に基づくと思うのです。

騎馬民族説というのは、文化勲章をもらった江上波夫《えがみなみお》(1)という東大の先生が中公新書で書いたものが話題になったのですが、私はその大先生の学説を小学校のときに学んだ知識で木端微塵《こっぱみじん》にしたことがあるんです。

それは、当時日本文化会議というのがあり、そこで月に一度ずつ話題の先生を呼んでお話をうかがおうという会が開かれていました。確か、文藝春秋の九階に日本文化会議の事務所があったと思います。そこにその江上先生もいらっしゃいました。その話を聞いている人間の中には、福田恆存《ふくだつねあり》だとか林健太郎《はやしけんたろう》という大先生もおいでになりました。私は四十年くらい前ですから若造で、隅に控えていたわけです。

江上先生の話があり、いろいろな質問があったのですが、話を聞くと、いかにも日本の天皇というのは大陸から騎馬隊を組んでやって来たような感じなんです。それで、私は最後に質問をしたんです。『古事記』や『日本書紀』を見ますと、馬に乗った天皇は出てこないのですが、これはどういうわけですか？」と。江上先生は「えっ、出てこなかった？　え、困ったな……」と言って、それで終わってしまいました。その月例会でのお話は、必ずパンフレットになって発行されていましたが、江上先生のときのものは、ついにパンフレットとして出されませんでした。それから先生は、騎馬民族説を唱えられることはなかったんです。

江上先生のりっぱな理論を、私はわずか小学校のときに覚えた話で壊しました。

（1）明治三十九～平成十四（一九〇六～二〇〇二）年。考古学者、東洋史学者。昭和三十三年共著『日本民族の起源』、三十九年『日本における民族の形成と国家の起源』、四十二年『騎馬民族国家』を発表し、騎馬民族日本征服説を唱えた。学会に大きな論争を巻き起こすとともに、さまざまな分野から批判を受けた。

歴史の本というのは、それくらい重要なんです。江上先生の説は、発掘物から打ち出されたもののようです。

中山　そのお話をうかがっていると、「賢者は歴史に学び、愚者は経験に学ぶ」というドイツ帝国初代宰相ビスマルクの言葉にもあるように、歴史に学ぶことの大切さを再認識しますね。

渡部　もっと言えば、『古事記』でも『日本書紀』でも、日本の国が初めから島国であることを知っている人たちがつくったんです。どういうことかというと、それらの書物には佐渡島のことまで書いてあるんです。そんなところに騎馬民族が行くわけがないじゃないですか。あのころ、馬で日本を回るなんてことはできません。陸上を回るなんてことは不可能です。だから、海洋民族だったに決まっているんです。伊勢神宮だって、アマテラスオオミカミ（天照大神）はちゃんと海から行って、「重浪《しきなみ》のよするいいところだ」ということで、住拠をあそこに決めているんです。

『古事記』や『日本書紀』は、当時のいろいろな豪族の物語を集めたものです。だから、『日本書紀』などを読めば分かりますが、「一書に曰《いわ》く」「一書に曰く」

とずっと異説を併記してあるわけです。俺の意見はこうだなどと、単細胞的には書いていないんです。実に丁寧に書いてあります。そして各部族の持っている資料、それが全部矛盾していない。全部が島国であると言っているんですね。

これらのことを総合すれば、日本人が大陸から馬に乗って来たなんていうのはバカな話です。考えてみれば、日本でいちばん重要な儀式だったのは禊《みそぎ》でしょう。大陸の人間が、水もないところで禊ぐことができるかということです。

だから、書いたものというのは、伝説であっても考古学の大先生の結論よりも力がある。言葉とはそういうものなのです。

語り部が伝える故事

中山　文明を伝えるには言語なくしてはできないわけですから、私も言葉は非常に大切だと思います。よく日本は「言挙《ことあ》げしない国」などと言われますが、『万葉集』で柿本人麻呂《かきのもとのひとまろ》が、「葦原《あしはら》の　瑞穂《みずほ》の国は　神《かん》ながら　言挙げせぬ国　しかれども言挙げぞ我する」と言っているわけです。そのあとに、「敷島《しきしま》の　日本《やまと》の国は　言霊《ことだま》の　たすくる国ぞ　まさきくあれ（り）こそ」（万葉集三二五三・三二五四）と歌い、日本は弁論とか思索とか、ごたごたと不自然なことは言わないけれども、必要な事実はきちんと豊富かつ霊妙な言葉で語り伝えているので、私は必要なことは語ります、と言っているわけです。

私は、この「言挙げ」する語り部というのが非常に重要な要素だと思います。当時は語り部という世襲の役職がありまして、事実を記録して、先生がおっしゃったように言葉で子孫に伝えていくわけです。故事、つまり古い知識が必要なときにはこの語り部を呼んで話を聞きました。歴代天皇の即位のときには大《だい》嘗《じょう》祭《さい》が催されますが、そのときに語り部を全国から呼び集めるのです。『延《えん》喜《ぎ》式《しき》』(2)という十世紀の律令の施行細目によれば、美濃から八人、丹波から二人、丹後から二人、因幡から三人、出雲から四人、淡路から二人呼んで、太政官が命じて故事を語らせたという記録があります。

つまり、日本では古伝承を語ることを職掌とした部民が存在しており、故事を儀式として正確に伝えてきているというのが、ほかの国のいわゆる民間伝承などとは違うところです。もちろん、口承ですから、記憶違いとか変化するところもあったかもしれませんが、そのようなあやふやなところをより確実な文字資料にして残そうということで『古事記』『日本書紀』をつくることになったわけです。

禊祓の高度な精神性

中山　『古事記』『日本書紀』の成立過程に加え、もう一つ注目したいのは、その評価すべき内容です。

『古事記』によると、イザナキノミコトが禊祓《みそぎはらえ》をして、その後アマテラスオオミカミとツクヨミノミコト、スサノオノミコトの三貴子が生まれました。

（２）弘仁式・貞観式の後をうけて編修された律令の施行細則。五十巻。延喜五（九〇五）年、醍醐天皇の命により藤原時平らが編纂を始め、時平の死後は藤原忠平が編纂に当たり、延長五（九二七）年に成立。康保四（九六七）年より施行。平安初期の禁中の年中儀式や制度などが記される。

禊祓に込められた精神とは、平たく言えば、次のように言えるのではないでしょうか。いろいろなことが人生では起こる。そのすべての原因は自分にあると受け止め、自分に責任がなくてもその罪を負う。その罪を負わないとかえって損害が大きくなる、という考えです。

イザナキノミコトの禊祓のあとでアマテラスオオミカミをはじめとするりっぱな三貴子が生まれているということは、その禊祓という儀式が非常に高度な精神作用を持っていることの証《あかし》だとも言えるわけです。

政治家みたいに、「秘書がやったことだから俺は知らない」と言うのではなくて、秘書がやったことでも、自分に関係がなくても、不幸が起こったら自分の責任だと自覚をして罪を背負うことが本来の禊の考え方なのです。日本の政治家が「禊選挙」とよく口にしますが、あれは本来の禊ではありませんね。自分で判断して自ら身を正すのではなく、選挙民の判断に委ねるわけですから、他人任せです。

ともあれ、古代の神話には、そういう高度な精神性があったということが重要です。その精神は、現代も神事のときに読み上げる「大祓祝詞《のりと》」に受け継がれています。今では、お祓いの儀式として形式化しているかもしれませんが、もともとはいろいろな罪を自分のものと自覚して祓う、そうすれば、すばらしい結果が生まれるという考え方です。それを歴代の天皇は実践していらっしゃるわけです。こういう発想は、さきほどの騎馬民族にもありませんね。

もう一つ例を挙げますと、アマテラスオオミカミの天岩戸《あまのいわと》ごもりがありますよね。その理由は、弟のスサノオノミコトが高天原で目に余るほどひどいことをするから、アマテラスオオミカミは反省するわけです。最初のうちは、スサノオを慈悲心で見守り、「弟も悪気はない」と弁護しようとしました。それは消極的な道徳、受容のモラルだと思うのですが、それでは効果がないので、自ら罪を恥じて天岩戸ごもり（謹慎）をすることになるのです。

そのときに、アメノコヤネノミコト（天児屋根命）が出てきます。私が『古事記』で注目したのは、アメノコヤネが岩戸の前で祝詞を読むという点です。岩戸の前ではいろいろな儀式らしき行為がなされるわけですが、私は特にアメノコヤネが祝詞をあげているという点に注目をしたいです。まず「祭主」と考えられる彼が反省して、先祖の神々に「こんなことが起こって申し訳ない」と禊の辞を読み上げ、自らその罪を反省する。私の考えでは、アマテラスオオミカミもそれに感動したのではないかと思うのです。天岩戸が開いた理由の一つには、道徳的感《かん》応道交《のうどうこう》（道徳的な働きかけと、それを感じとる人の心とが通じ、相交わること）ともいえる静かなドラマがあったのではないでしょうか。

渡部　そのアメノコヤネノミコトの子孫は誰かというと、中臣鎌足《なかとみのかまたり》(3)、藤原氏ですね。だから、そのように祭主として祝詞を通じて禊を行い、アマテラスと精神的に共鳴したことが、それ以来、藤原氏をして高い地位を維持させた理由の一つなのではないでしょうか。それは高度な日本文明の独自の遺産であって、外国の文化の模倣、あるいは他国から伝来した発想ではないと思うのです。

藤原氏がアメノコヤネノミコトの子孫だったということは非常に重要なことです。藤原氏は貴族として尊ばれ、絶大な権力を手中にしました。事実、藤原道長などは、三代の天皇のおじいさんですよ。それなら自分が天皇になればいいではないかと誰もが思うでしょう。ところが、絶対になれないのです。なぜかというと、藤原氏がみんなに尊敬されたのは、アメノコヤネノミコトの子孫という立場だからです。それが天皇の立場になったら、みんなは反乱を起こすのです。だから、藤原氏はどんなときでも自分が天皇になる気はない。これはりっぱなものです。

その伝統で、たとえば徳川氏を見てみると、家康はケチな男ですから、朝廷に一万石しか差し上げなかったんです。二代秀忠は、自分の娘・和子を後水尾《ごみずのお》天皇と結婚させました。要するに藤原氏の真似をしたわけです。そのときに、お化粧料として一万石、その他に一万石、あとでまた五千石と、全部で四万石くらいやったんです。そうして自分は天皇の舅《しゅうと》になりました。

ところが、後水尾天皇はおそらく将軍の「種」がずっと続くことを望まなかったのでしょう。秀忠の娘・和子との間に女の子が生まれたわけですが、その方を明正《めいしょう》天皇としました。天皇の未亡人は別として、天皇になった女の人は結婚できませんから、そこで徳川家の遺伝子、すなわち「種」は絶えます。そして後水

(３) 中臣氏はアメノコヤネノミコトの子孫と称し、朝廷の祭祀を担当してきた古代の氏族。中臣鎌足（六一四〜六六九）は、中大兄皇子（のちの天智天皇）らと蘇我氏を滅ぼして大化改新を断行、改新政府の重鎮となり、内臣として律令体制の基礎を築いた。臨終に際し、天智天皇から大織冠の冠位と藤原朝臣の姓を賜った。

尾天皇がほかの女性に生ませた男の子がまた次の天皇になるのです。

このとき、秀忠のもとから行ったお嫁さん（和子）は、天皇の義理の母という地位でいたんです。当時、徳川家は譜代大名および徳川直轄で千五百万石くらいありました。それが嫁がせるにあたって、わずか四万石しかあげなかった。それなのに、徳川は絶対にそこを侵せないんです。それは「種」だからです。

私が女系天皇に反対だという理由は、次のとおりです。女性が天皇だというのとは違うんです。女系天皇というのは、たとえば今言ったように、明正天皇が誰かと結婚して子供を産めば女系になるんです。しかし、もちろん明正天皇は伝統に従って結婚なさらないから、また別の方が皇位につかれ、男系でいくわけです。だから、女性天皇は常に天皇の子であり、中継ぎなんです。それは持統天皇だって同じで、みんな天皇の子供か孫ですよ。必ず女性で天皇になる人は、一生結婚をしないか、天皇の未亡人である。男系というのは「種」が保たれてきたという意味なんです。だから、藤原氏があれだけ偉くても自分からは天皇にならないのです。

源頼朝は初めて武力で全日本を支配しました。それでも自分は天皇にならないのです。将軍でとどまっているんです。ほかの幕府でも、誰もなろうとはしません。徳川などは絶大なる力を持っていましたが、天皇になろうとはしませんでした。千五百万石対四万石なのに、朝廷から勅使が来ると緊張してしまい、接待役の大名も松の廊下で逆上して斬りつけるような者が出てくる。天皇にはそのくらいの権威があったわけです。これはほんとうに類がないことです。

中山

そうですね。これを国家統治の視点から見ると、国の権力機構とは別に、もう一つ、その上に道徳的な権威があり、この二重構造による統治というものが、日本の場合、非常にうまく機能するのではないかと思います。常に頭上に尊いものを置いて、それを敬うことによって国がうまく治まるわけです。アメリカの大統領の場合も、大統領就任式で聖書に手を置いて宣誓するのは、大統領が自分よりも上位のものに忠誠を誓うという意味で、非常に重要な儀式だと思えるのです。

　学生時代によく孟子や孔子を読んでいたのですが、孟子の言葉に、「不仁にして国を得る者は、之有り」「不仁にして天下を得る者は、未だ之有らざるなり」（「尽心章句下」二三五）というのがあります。つまり、仁がなくて天下を得た者はいない。ところが、仁がなくても国を得る者、つまり、為政者としての権力を得る者はあるということです。

たとえば秦の始皇帝は大国を得ましたが、一代限りでした。また、ルイ十四世も「朕は国家なり」と言って強大な権力を手中にしましたが、十六世で滅んでしまいました。その考え方でいくと、日本でも、総理大臣とか権力者で、自分は国を得ていると自負している人がいるかもしれませんが、天下を得るためには、やはり徳というか、仁がないとだめなんでしょう。

ギリシア神話と日本神話の違い

渡部 神話に話を戻しますが、西洋文学を研究していると、ギリシア神話というのがあります。では、ギリシア神話はどこにまとめて書いてあるのかというと、どこにも書いていないのです。のちの人がまとめたものはあるけれども、それは十九世紀ころになってからのことであって、日本のように『古事記』や『日本書紀』のようなものはないんです。

中山　『イーリアス』や『オデュッセイア』を著したホメロスとか、『神統記』や『仕事と日』を著したヘシオドスとかが、いろいろなところから集めてきたものですよね。

渡部　集めてきたものしかないんです。世界の神話には、国家の権威を持った神々の系図の物語というのがないのです。

中山　ギリシア神話と日本神話のどこが違うかというと、書物という視点から見れば、両者の違いがよりはっきりしますね。ギリシア神話は『聖書』あるいは『古事記』『日本書紀』などとは違い、『ギリシア神話』という一冊の本があるわけではない。同じ一つの物語でも、長い時代にわたって、いろいろな作家によってさまざまな形で語られているのです。今残っている文献としては、さきほど触れましたホメロスやヘシオドスの叙事詩で、これらによりオリンポスの神々を頂点とする神界の組織体系の骨格ができました。紀元前八世紀ごろのことです。しかし、ホメロスのあとも、ギリシアの劇詩人たちは、いろいろな形で神話を脚色したり、美化したり、修正しています。その作業はローマの時代にも及び、現在の私たちの知るギリシア神話は、紀元後一、二世紀、ローマ帝政の初期のものだと言われています。ローマ時代では、詩人オヴィディウスがギリシア神話をもとに『変身物語』という作品を生み出しています。ちなみに私は、十七世紀（一六三二年）にジョージ・サンズが英訳したものを持っています。

したがって、ギリシア神話は時代によっても、場所によっても、それを扱う作家によっても違うわけで、日本神話よりもはるかに多岐にわたっています。日本のように、ある決まった時期に稗田阿礼《ひえだのあれ》が暗誦していた天皇の系譜や古い伝承を太安万侶《おおのやすまろ》が書き記した『古事記』や、舎人《とねり》親王の撰で生まれた『日本書紀』とは、その成立過程が全く異なるわけです。

日本神話では天孫降臨という中心線が一本通っていて、アマテラスオオミカミと天皇を頂点として、天上の神々と地上の人間との血縁関係が結ばれていますが、それは一度だけのものです。しかしギリシア神話では、神々と人間の血縁関係は数えきれないくらい何度も長期間にわたって結ばれています(4)。

渡部 トロイ戦争の英雄で、アガメムノンという王様がおります。このアガメムノンの系図を見ますと、おじいさんかそのおじいさんの少し上がゼウスなんです。だから、もしも今ギリシアに王家があってアガメムノンの系譜が続いているとすれば、日本に似ています。

しかし、日本の場合はアマテラスオオミカミが神武天皇の祖先としてちゃんとつながっているわけです。これはやはり、ちょっと違うと思います。

ただ、日本では天地開闢《てんちかいびゃく》以来の神話を「神代記《じんだいき》」と呼び、人間の世ではないとしています。不思議な話もたくさん出てきます。だから、神代記を歴史のように言ってはいけないという不文律があります。しかし、神武天皇からは、いわば「人代記《じんだいき》」であり、その表記は精密を極めています。もちろんいろいろな説はあるのですが。

中山　歴史的、あるいは科学的に事実か否かは別にして、そういう物語、あるいはその物語に表現された精神的リアリティーがあったこと、そして、アマテラスオオ

(4) 日本神話では、アマテラスオオミカミの命令を受けて、その孫のニニギノミコトという神様が高天原から日向国の高千穂に降り立った。神武天皇はその子孫であり、その後、高天原から神が地上に降り立ち、人間と血縁関係を結ぶことはない。一方、ギリシア神話では、天上のゼウスが、地上の人間の女性たちといろいろと関係を持ち、たとえばヘラクレスやペルセウスのような英雄が生まれている。

ミカミが天皇家のご祖先であり、その天皇家が現在の日本に国家の象徴としていらっしゃるということ、つまり遠い過去から現在へ連綿とつながる神話あるいは歴史を持っているということ自体が、日本文明の特質だと私は思います。

残念なのは、今の子供たちが日本神話をあまり知らないということですね。私の子供のころは、「因幡《いなば》の白兎」とか、「ヤマタノオロチ」とか、いろいろな物語を見聞きしたのですが、今の子供たちはほとんど知らないようです。ギリシア神話もそうですが、この種の物語には、それを読む者を楽しませながら、その民族が昔から大切にしてきた伝統や道徳的教訓を伝えるという大切な働きがあります。現在は、神話に限らず、日本の昔話も廃《すた》れる傾向にあるそうですが、日本にディズニーランドしか知らない子供たちしかいなくなったら、日本の伝統文化の継承はどうなるのか、日本人のアイデンティティーはどうなってしまうのか、そのほうがむしろ問題ですね。

渡部 日本の戦後の左翼は、神話を考古学に代えてしまったのです。卑弥呼《ひみこ》だとかなんだとかと持ち出して。しかし、そんなものは歴史でもなんでもないのです。

昔のシナの本などは、あてにならないものの最たるものです。というのは、たとえば明の時代、日本とは秀吉との戦いなどで接触があったわけです。その明の時代に書かれた日本史というものがあります。『明志倭人伝《みんしわじんでん》』というのですが、それを読むと、「あるとき、平信長が山に行ったら木から猿が落ちてきて、それが豊臣秀吉で……」というような話なんです。ばかばかしくなります。それが日本といちばん接触のあった明の時代のものなのです。それよりまだ何百年も前の、正式に接触なんかなかった時代に書かれた『魏志倭人伝《ぎしわじんでん》』を信じる人がいますが、どうかしていると思います。

中山　そういえば『魏志倭人伝』には、朝鮮半島の帯方郡と邪馬台国《やまたいこく》の間が「万二千余里」と記されていますが、この里数だけをとってもいろいろな解釈があって、邪馬台国がどこにあったのか決め手がありませんね。そもそも『魏志倭人伝』は『魏略』という書物に基づいているらしいそうですが、その原本もありませんので、事実検証は難しいのでしょう。

権力と権威の違い

中山　考古学によらずとも、日本の皇室には姓がないという、一目瞭然な日本文化的特徴がありますね。名字をつける必要がないということでしょう。それは、皇室が個人とか家とか民族に対立するものではないことの証ではないでしょうか。

渡部　ええ、皇室は名字を与える立場です。自分が持つのではなくて、与える立場なんですよ。

中山　『古事記』『日本書紀』を読むと、君臣が同祖だということが分かります。だから一体感があるのですが、一方では君臣は有別、皇族も臣籍に下れば皇族に戻れませんので、両者は違うんだという考え方もあります。このように、日本国は一つの大きな家族でありながら、皇室は総本家として国家を象徴する立場にあるというユニークな考え方ですね。

渡部　先日、テレビでロシアのエルミタージュ美術館の美術品が取り上げられていたのですが、それは豪華なものです。イースター・エッグ(5)だとか、そういったものです。

中山　その豪華さは、おそらくベルサイユでも似たようなものがあったわけですが、日本の天皇家においては考えられないことです。今でこそ江戸城という将軍家のお城に入っているから豪華そうに見えますが、京都御所は別に城壁で囲んでいるわけではなく、普通の塀ですからね。日本の町自体も、城壁で囲むということはしていません。

渡部　清国の紫禁城《しきんじょう》(6)みたいに高い塀で囲んではいませんね。

中山　全然囲んでいません。それで平和が保てていたんです。それがむしろ当たり前と感じたところが日本なんです。

正倉院の宝物に蘭奢待《らんじゃたい》(7)というものがあります。正式名を黄熟香《おうじゅくこう》というのです

(5) ロマノフ王朝のアレクサンドル三世とニコライ二世が妻や母に贈るためにつくったイースター・エッグは黄金と宝石（主にダイヤ）がふんだんにちりばめられている。
(6) 明・清時代の北京の宮城。
(7) 聖武天皇の時代、唐から渡来したという名香。

が、香木の一種です。時の権力者がノドから手が出るほど欲しがったという珍宝で、ことほどさようにこの香木には三か所切り取った跡があります。まず足利義政がこれを切る。次に織田信長がこれを切る。そして明治天皇が自ら許可してこれを切る。この香木は、九世紀ごろ東アジアから日本に伝わったそうですが、こんな宝物が兵士による守備もなければ堅固な外壁もない、平地に建てられた宝物庫で一千年以上も保管されている。天皇のご署名で勅封されているだけで、時の権力者でさえ容易に手が出せない。あの延暦寺を焼き討ちした織田信長でさえ、ちゃんと天皇から「削っていい」というお墨つきをもらって削っているんです。

渡部　しかも、削った大部分は天皇に奉っている。

中山　その点、たとえば、清朝の紫禁城ではどうだったか。紫禁城には、日本の宮内庁にあたる内務府という組織があるのですが、ラストエンペラー、溥儀《ふぎ》(8)の臣下である役人たちが、皇帝の宝物を宝物庫からこっそり持ち出しては勝手に売り払って私腹を肥やしたり、賄賂にしたりしていました。

一方、日本の場合、天皇の持ち物だというだけで天下の将軍でも手が出せなかった。この違いは何なのか、ということです。それは権力と権威の違いではな

渡部　いかという気がします。権力者に必ずしも権威が備わっているとはいえません。では権威はいかにして身につくのか。それはやはり自ら常に国民の幸福を願い、国家の安寧を祈るという高邁《こうまい》な道徳の実行、美徳がないとだめでしょう。

中山　たとえば仁徳天皇なども、民が困っているときは宮殿の修理もさせず、雨が漏っていたという話（「民のかまど」(9)）ですからね。

渡部　三年間、租税を取らなかったという話ですね。

日本の一番、神社の中の神社、伊勢神宮はペンキも塗らないし、白木なんですよ。白木に茅《かや》なんです。どんなに栄えたときでも、それ以上豪華にしようとはしないんです。清らかでありたいというのが一番でね。かえって、家来の神社であ

(8) 清朝最後の皇帝。一九〇八年、三歳にならずして第十二代皇帝に即位、宣統帝と称した。辛亥革命により一九一二年退位。のちに満洲国皇帝（康徳帝、在位一九三四～一九四五）。姓は愛新覚羅。

(9) その昔、高台から都を見下ろした仁徳天皇が、人家からかまどの炊煙が立ち上っていないことに気づいて租税を免除し、その間は倹約のために宮殿の屋根の茅さえ葺き替えなかった、という記紀の逸話。

るところの春日神社などは豪華です。

中山　日光東照宮も絢爛豪華ですね。

渡部　家来は豪華でもいいんです。家来のほうが豪華なのに、もっと上の人は素朴だというのは、これは絶妙なバランスなんです。

中山　伊勢神宮は、内宮《ないくう》でアマテラスオオミカミを、外宮《げくう》ではトヨウケノオオカミをそれぞれお祀りしています。前者は日本建国の祖であり、後者はいわば穀霊神で、衣・食・住の食を守護される神様ですよね。だから「祖先があってわが身が生まれ、食があってわが身体が維持できる」という自然の理を体現しているわけで、非常にバランスの取れた合理的な祀り方だと思うんです。それが質素な外観とみごとに調和しているように思えます。人間の根本的な生活に合っているから違和感がなく、すっと入っていけるのです。

もう一つは、型の継承ですよね。二十年ごとに御遷宮をすることで、建材は変わるけれども、建築様式あるいは型は永久に継承されていく。武道でもそうですが、型を大切にするのは、日本文化の特質でしょう。西洋では石の建物だからかもしれませんが、ゴシック様式の建築物、ロマネスク様式の建築物は残っているものの、建材を定期的に交換してまで、その型を千年以上も維持しようとはしません。もちろん、石は長持ちするので交換する必要がないのかもしれませんが、逆に、朽ち果てるものを建材としているからこそ、それを維持するには精神の集中と継続性が必要なのです。

渡部　西洋風にいえば、日本の伊勢神宮は築二十年です。しかし、古式でいえば築千三百年なんです。

中山　神道《しんとう》には、人間と自然との根源的紐帯《ちゅうたい》感を感じさせるような懐の深さがありますね。それは、ともすれば排他的になりがちな一神教にはないものです。トインビー（イギリスの歴史学者、一八八九〜一九七五）でしたでしょうか、伊勢神宮に行って、「ここ、この神聖なる場所には、すべての宗教が根本的に統一されているように感じる」（Here, in this holy place, I feel the underlying unity of all religions.）と感嘆の言葉をもらしています。神道にはすべてを包括する独自の世界観があるから、評価されるのでしょうね。

渡部　ハンチントン（アメリカの国際政治学者、一九二七〜二〇〇八）は一九九〇年以後の世界の文明を九つに分けるのですが、普通、日本というのはシナの大陸のちょっと脇にある島ですから、文明圏としてはシナに入れてしまいたいわけです。それはあたかも、イギリスの島は間違いなく西ヨーロッパの文明圏だというのと同じ発想です。

ところが、日本はやはり独立させなければいけないのです。シナに組み込むことはできないんです。なぜかというと、日本には皇室と神社があるからです。これだけは向こうに絶対にないですから、組み込めない。日本仏教というのも日本の皇室と神社があったればこそ発達した宗教ですよ。だから、お釈迦様もご存じないという仏教の宗派がたくさんあるわけです。

中山 日本の自然観とうまく結びついた仏教ですよね。

「革命」を避けた日本の知恵

中山 さきほどのハンチントンの指摘は私も注目しているのですが、結局、日本は孤立した国家だと言いたいわけですよね。日本のように、文明と国家が一体になっている国はほかにないと。そしていろいろと日本文明の特質を挙げているのですが、特におもしろかったのは、日本が非西洋諸国の中で最初に近代化された最重要国でありながら、本質的には西洋化されなかったこと。それからもう一つ、日本の近代化が革命なしで起こったということです。

近代化が革命なしに起こったということは、私は非常に日本らしい「美徳」だと思います。大政奉還や廃藩置県などが粛々と行われましたが、もし外国で同じようなことをしようとしたら、国中に血の雨が降ったことでしょう。そのような改革の原因を、戊辰戦争で藩が財政的に逼迫したからというような経済的理由に求める考え方もありますが、それだけではなくて、当時の武士が「武家社会よりももっと大切なものがある」ということに気づいていたことが重要です。諸外国と対抗するには、中央集権国家で強い日本をつくらなければだめだと考えたのです。その背後には荷田春満《かだのあずままろ》、賀茂真淵《かものまぶち》、本居宣長《もとおりのりなが》、平田篤胤《ひらたあつたね》に代表される国学、『大日本史』を編纂した水戸黄門光圀の大義名分の教育を特徴とする水戸学などによって、武士があるべき国家観を学問的に形成し、自分で自分の身を改革していったことがあるのではないでしょうか。それは、世界に類のないすばらしい自己犠牲の改革だったと私は思います。さきほどの天皇との関係で言いますと、さらに『日本外史』『日本政記』を書いた頼山陽、佐久間象山、松下村塾の吉田松陰らの功績により、武士階級の間で天皇の意味について再評価されたことが、維新の成功に結びついたのではないでしょうか。

マルクス主義的歴史学者の中には、明治維新を何とか「革命」の枠組みに押し込めようとした人もいますが、成功しているとは思えません。そもそも明治維新にはマルクス主義的な革命を実行した主体がないのです。革命の主体には、革命後の世界のはっきりした青写真を描き、革命後の政権を担当する能力と強い意欲がなければなりません。江戸末期の百姓一揆が主体だと言った歴史家もいましたが、はたして彼らに政権を担当する意欲があり、革命後の日本の青写真があったでしょうか。もちろん、明治維新に至るまでにいろいろと争いもありましたが、しょせん局地戦と言えるものであり、西洋のような革命による内乱ではなかったように思います。

渡部 徳川慶喜《とくがわよしのぶ》に官軍と戦う気があったら大変なことになっていたと思います。たとえば、箱根の山あたりで戦っているときに、海軍を持っているのは幕府ですから、海から大坂〔当時〕あたりに上陸していたら、攻めている官軍は食料や物資の供給路を押さえられ、みんな干上がってしまったでしょう。そういう作戦を実行するのは簡単だったんです。そうしなさいと勧めた小栗上野介《おぐりこうずけのすけ》のような人もいましたが、慶喜は断ったんです。

それはなぜかというと慶喜は、『大日本史』をつくった水戸家の子孫だからです。天皇と戦うべきではないと胆に刻んでいたのです。だから、彼はのちに明治政府によって公爵の位が与えられる。そして、その公爵家でも養子のようなものをもらいまして、これが十六代になるわけですが、貴族院議長になるんです。

『大日本史』を編纂したのは、さきほど言いましたように徳川光圀ですね。それによって日本の歴史の研究や道義・道徳の究明がなされ、水戸学にも少なからず影響を与えました。その学問的伝統を受け継ぐ徳川慶喜も『昔夢会筆記《せきむかいひっき》』（東洋文庫）の中で、烈公（徳川斉昭《とくがわなりあき》）より次のような教えを受けたと述べています。

「……もし一朝事起こりて、朝廷と幕府と弓矢に及ばるるがごときこともあらんか、我等はたとえ幕府に反《そむ》くとも、朝廷に向かって弓引くことあるべからず。これは義公（水戸光圀公）以来の家訓なり。ゆめゆめ忘るることなかれ」と。

中山

それに加え、負けた慶喜に対する勝った朝廷側の処遇も、諸外国の革命とはまるで違います。フランス革命では、ルイ十六世とマリー・アントワネットがギロチン台の露と消えていますし、ロシア革命では、ロシア皇帝一族が婦女子にいたるまで凌辱され、虐殺されています。それに対し、慶喜は大政奉還の際に武力迫害も受けていないし、追い詰められてもいない。また、恭順後も切腹や打ち首にならず、謹慎処分を受けただけです。そして先生がおっしゃったように、のちに公爵に列せられています。さらに慶喜は、千代田城（江戸城）で御紋章銀盃を頂戴しているんですね。

渡部　私は慶喜もりっぱでしたが、朝廷側もりっぱだと思いますよ。天皇家は、天皇家に帰順する者を迫害しないという慈悲心をお持ちです。出雲大社もそうですが、天皇家には帰順すれば許し、それ相応の身分も保証するという懐の広さがあります。それは、『古事記』や『日本書紀』にも描かれた天皇家の一つの伝統だと思うのです。

「まつろわぬもの」というのは、要するに「天皇家と一緒にやらない人」という意味であって、天皇家としては、一緒にやってくれればそれでいいんです。

大正天皇のお后は貞明《ていめい》皇后とおっしゃいまして、この方はまだ明治のころに育ったわけですから、賊軍とされた人に非常に同情心があったわけです。賊軍でいちばん果敢に戦ったのは会津藩ですから、会津藩から自分のお子さんのお嫁さんを迎えます。秩父宮殿下の奥さんをお迎えするわけです。

それで、会津藩は、賊軍という意識がぱーっとなくなります。藩主の娘が皇室の御次男のところにお嫁に行くわけですから。貞明皇后は、皇室の伝統といえるすばらしい精神をお持ちだった方なのですね。

中山　それと関連して思い出すのは、貞明皇后が日本赤十字活動を通して見せられた外国人への思いやりですね。平成十一年八月に、ポーランドから「ジェチ・プオツク少年少女舞踊合唱団」が来日した際、合唱団は、ある老婦人から日本政府への感謝のメッセージを携えてきました。その老婦人とは、二十世紀初頭に孤児としてシベリアで飢餓と疫病の中で苦しんでいたところを、日本政府に救われたヘンリク・サドスキさん（八十八歳）です。

二十世紀の初めに孤児として救出されたとは、どのような出来事だったのかというと、『善意の架け橋――ポーランド魂とやまと心』（兵藤長雄著、文藝春秋）にも取り上げられているように、ポーランドは一九一九年、ロシアから独立したのですが、一九二〇年にはポーランドとソビエト・ロシアとの間に戦争が始まり、多くのポーランド人たちはシベリアの劣悪な環境の中に置き去りにされました。中でも戦争孤児たちはきわめて悲惨でした。これらの孤児をシベリア鉄道で祖国に送り返そうと、ポーランドの救済委員会は欧米諸国に支援を要請しましたが、ことごとく拒否されました。そこで要請を受けた日本政府は、外務省を通じて日本赤十字社に対し、ただちに救済活動に乗り出すよう働きかけたというわけです。それを支援したのがシベリア出兵中の帝国陸軍です。その二週間後には、五十六名の孤児がウラジオストクから敦賀経由で東京に到着したといいます。その後も救済事業は続き、合計七百六十五名ものポーランド孤児たちが、日本で手厚い看護やもてなしを受け、母国ポーランドへ送還されました。横浜湾から帰国した際、孤児たちは「アリガトウ」を連発し、『君が代』を斉唱して感謝の気持ちを表したといいます。

その当時、貞明皇后は赤十字活動にご熱心で、一九二一（大正十）年四月六日、日赤本社病院を訪れ、孤児たちに優しいお言葉をおかけになり、子供たちの頭を何度もなでながら慰められたということです。サドスキさんは、貞明皇后が孤児収容所を慰問されたとき、皇后陛下に抱き締めてもらったことが生涯忘れられず、感謝のしるしとして、日本政府へのメッセージとともに、一番の宝物である救出当時の写真を皇室にお渡しするよう合唱団に託したそうです。

オトタチバナヒメの愛と犠牲の精神

中山　貞明皇后のお話が出ましたので、今度は、美智子皇后と読書の話題に触れたいと思います。皇后陛下の子供時代の読書の思い出を紹介した本が文春文庫で出ていましたよね。平成十（一九九八）年の国際児童図書評議会でのご講演が収録されたものですが、そこでおもしろいと思ったのは、子供時代の読書経験が、その後のご自分の考え方の「芽」になるようなものを残したとおっしゃっていることでした。

戦時中に疎開なさって、そこで教科書以外にはあまり読むものがなかったのだけれども、ご尊父がいろいろな本を持ってきては読ませてくださったそうです。

渡部　それはりっぱなお父様ですね。

中山　そうですね。皇后陛下が非常に感銘されたという以上に強い衝撃をお受けになったものの中に、日本の神話・伝説の本があったそうです。それは、『古事記』『日本書紀』から子供向けに再話されたものですが、戦後、米国の占領下に置かれた日本では、教育の方針が大幅に変わり、歴史教育から神話・伝説が抜けてしまったことが非常に残念だったとおっしゃっています。

そこで興味を惹かれたのは、神話や伝説は日本民族の象徴であり、日本民族に一つの根っこのようなものを与えてくれたということですね。個々の家族以外にも民族の共通の祖先があるということを教えてくれたと言われています。

皇后陛下が神話の中で何がおもしろかったかというと、ヤマトタケルノミコトの妃のオトタチバナヒメノミコトが入水して夫を助けたという話を例にあげて、その愛と犠牲に非常に感銘されたというか、強い衝撃を受けたということをおっしゃっています。

渡部　私は、皇后陛下が日本の古典を読まれてそのことをお書きになったということは、日本の文化に対して非常に大きな貢献になったと思います。やはり皇后陛下がお読みになったとなると、ちょっと違ってきますよ。しかも、オトタチバナヒメという話がいいんです。

若い人は知らないでしょうけれども、ヤマトタケルが三浦半島から房総へ渡ろうとしたとき、「こんな小さな海なんか一またぎだ」と言ったので、海の神が怒って嵐を起こしたというんです。嵐の話は嘘《うそ》ではなくて、『半七捕物帖』にも出てくるんですが、あのへんは突如わけの分からない暴風が起こるんです。それをテーマにした捕物帖の話があるほどです。

ですから、おそらくヤマトタケルが海を渡ろうとしたときも、暴風が起こったんです。すると、オトタチバナヒメは海の神の怒りを鎮めるために自ら海に身を投げられたわけです。そのときに歌をつくっているんです。「さねさし　相武《さがむ》の小野に　燃ゆる火の　火中《ほなか》に立ちて　問ひし君はも」と。

これは、その前に話があるんですね。焼津のあたりまで来たときにヤマトタケルたちは賊に野に火をつけられて殺されそうになった。そのとき、ヤマトタケルはおばであるヤマトヒメノミコトから預かってきた天叢雲剣《あめのむらくものつるぎ》で草を切る。逆に向かい火をつけて敵の火を弱め、その野から抜け出して賊を成敗した。それでこれが草薙《くさなぎ》の剣という名前になるのです。そのときにヤマトタケルはオトタチバナヒメを絶えずかばい、「だいじょうぶか、だいじょうぶか」と言ったというんです。火に囲まれて脅えているオトタチバナヒメのために見せたヤマトタケルの武勇と愛情に対して、オトタチバナヒメは「火中に立ちて　問ひし君は」、自分のことを案じてくれたと言って、躊躇することなく海の神の犠牲となって身を投げるわけです。それは感激的な話です。夫のために女の人が身を捧げるわけです。しかも妃がです。

最近耳にしたのですが、ある人が皇族の方たちに、「皇族の方に夫婦げんかはありますか？」と聞いたそうです。するとその皇族の方たちは、「ありえません」と答えたそうです。「私たちにとって、宮様は神様なのです」と。

中山　なるほど、理想的な夫婦関係ですね。うちの妻は、同じ神様でも「山の神」ですけれどね。いずれにせよ、神と名のつくものには、真心をこめて仕えるようにしています。話は横道にそれてしまいましたが、私たちにとってご皇室は見習うべきロール・モデルですね。

渡部　皇室では、確かに夫婦げんかにならないらしいです。皇后様は慣れないところにお入りになって、非常な苦労をなさったのでしょう。そんな環境下でご自分にできることをお考えになったとき、オトタチバナヒメの物語は常に思い浮かべられた話だったのではないでしょうか。

第四章

歴史の真実に学ぶ

若い人に正しい歴史が教えられていない

中山　私は最近の若い人たちを見ていて、ちょっと気になることがあるんです。それは、自国に対して誇りが持てなくなっているのではないかという危惧《きぐ》の念です。学生たちに「日本はいい国だ」と言っても、「先生、そんなにいいんですか？」などと問い返してくる者がいて、これほど恵まれた国に生まれて生活しているのに、そのありがたさが分かっていないのではないかと心配になることがあります。これは若者に限らないのかもしれませんが。

いつだったか、英紙の『エコノミスト』で、それを裏づけるような意識調査が掲載されていました（二〇〇九年十月二日、レピュテーション・インスティチュートというニューヨークに本社を置くコンサルティング会社によるもの）。それによると、世界三十三か国に意識調査をして、自国に対する誇りをいちばん持っている国を調査したところ、第一位はオーストラリア国民でした。誇りを持つとは、自国に対する

信頼・賞賛・尊重の度合いが高いということです。驚いたことに、私たち日本人は最下位の三十三位だったんです。三十二位が南アフリカでした。南アフリカよりも日本が低いというのは、いったいどういうことかと首をかしげたくなりました。

日本人は謙虚だから、自分のことをよく言わないんだという人もいるようですが、やっぱり現実は違うと思うんですね。日本のよさが教えられていないから、自信を持とうにも持てないのではないでしょうか。

三島由紀夫の作品に『豊饒の海』という長編小説があるのですが、その第四巻が「天人五衰《てんにんごすい》」です。天人五衰とは仏教の用語で、六道《ろくどう》で最高の地位にある天界の天人が、死を迎える前に五つの兆候が現れることを言ったものです。その中の一つが「不楽本座《ふらくほんざ》」です。天人のように恵まれた地位にあるのに、それを楽しめない状態を言います。この恵まれた日本の国に生まれたことを感謝できない人は、もしかすると不楽本座の状態なのかもしれませんね。だとすれば、自国のよさに気づいていないのも、天人五衰の兆候と言えるのではないでしょうか。

やはり、物心がついてからの教育が重要だと思いますね。まず、よいものを子供に与えることです。こういうと、価値観の多様な時代に、価値を強制するのは時代錯誤ではないかと判で押したような反論が返ってきそうですが、最初によい物を与えなければ、最後まで物の良さが分らないのではないでしょうか。食べ物と一緒です。ジャンクフードばかり食べていたら、ジャンクフードの味しか覚えません。それに対し、小さいころから愛情たっぷりの母親の手料理を味わった子供は、食べ物の味が分かり、精神的にも安定し、非行に走ることも少ないと言われています。それは現代の歴史教育についても言えるかもしれませんが。

渡部　私は一九六〇年代の末ごろ、アメリカに招聘《しょうへい》教授として行ったときに、戦後育ちの日本の若者たちと出会い、全く自国の歴史に無知であることを実感させられました。歴史教育というものがいかにおろそかにされているか。歴史はヒストリーと英語でいいますが、ストーリー（物語）と語源が一緒なんです。つまり、歴史とは物語なんですよ。そして私はその歴史を、よく「虹」にたとえます。

イギリスに滞在していたとき、たまたま大英博物館の近くの小さな古本屋で見つけたんですが、イギリスの批評家でオーウェン・バーフィールド（一八九八〜一九九七）という人の小さい本の中に、「国の歴史というものは、その国の人たちが見る虹のようなものではないだろうか」という一節があるんです。彼が言うには、雨のあとの空には無数の水玉がある。そのように、歴史的事実も無数にあると。確かに、歴史的事実は無数です。しかし、そこから虹を見るためには、見る方向と距離が必要である、と言うのです。そして、みんなで見る虹というのは、その国の人たちの共同表象になる。それが国の歴史、すなわち国史ではないかと説くんです。虹を詳しく見ようとしても、近づくと見えなくなる。これは、細部にものすごく詳しくなると、そこにとらわれてしまい、かえって歴史的意味が分からなくなるということでもあります。私たちは、正しい歴史を正しい方向と距離をとって学んでいかなければならないのです。

中山　そうですね。最近は海外旅行や海外留学に出かける若者も増えていますので、海外へ出てみて初めて自国の歴史や伝統文化の意義に気づくこともあるようです。麗澤大学では、ベルリンの壁が崩壊する前から旧東西ドイツの大学と交流協定を結んでいるのですが、旧東ドイツに留学した女子学生が、次のような感想を留学報告書に書いています。「私が非常に驚いたのは、東欧諸国から来た友人たちが、自分の国、文化、民族にとても誇りを持っているということだ。授業中熱っぽく自国について語り、論争にまで発展することもしばしばあった。私が質問すると、彼らは決まって熱心にいろいろと説明してくれる」と。

パスポートの威力を知る

渡部　なるほど。最近は外国旅行が盛んですので、パスポートの価値が分かる人は増えてきているのではないでしょうか。世界市民などと言っている人がいますが、外国に行ってパスポートがなければ、どこの誰も相手にしてくれません。

私がパスポートをたいしたものだと思ったのは、今から五十五年くらい前にドイツへ留学したときでした。アジア・アフリカカトリック同盟という、そこから留学してきた人たちの会があり、カトリック教会が中心になって運営していました。コンフェランス（会議）もボンやほかの国で開くんです。

最初はオーストリアのマリアツェルという街でやりました。そのとき、出席する人たちの名簿はあったのですが、実際にふたを開けてみると人があんまり来ないんです。どうしてかというと、みんな国境で入国を拒否されているんです。日本人はスーッと通っているからそれが当たり前だと思うんですが、当時は韓国もだめでした。入国審査に時間がかかるんです。それで、通ったときには会はもうほとんど終わりという状況でした。最後の日にようやく出席できたという感じの国がたくさんありました。

それから、これはベルリンの壁が落ちる一年前のことでしたが、ブダペストで古書学会があって行ったんです。そこで日本のパスポートを見せると、何も調べずにスーッと通すんです。ところが、イギリス人でもアメリカ人でも、みんな持ち物を開けさせられるんです。あのハンガリーの親日感情はすごいものです。何も見ないんです。私と家内だけはトランクも開けずにスーッと通過し、あとの人たちはみんな開けられていたんです。あのとき、パスポートの力の大きさというものを見せつけられました。

最近、それを非常に分かりやすく言っているのは金美齢《きんびれい》さんです。あの人は台湾出身ですから、方々でひどい目に遭っているらしいんです。どんなに自分が偉いと言っても通用しません。たとえば、スペインからリスボンかどこかに行こうとしたら、ポルトガルは台湾とは国交がないらしいんです。金さんは、夫婦で一流の旅館の予約も取ってあるし、お金も持っているし、往復の切符も持っている。それで自分たちの身分は二人とも教授であるといろいろと説明したのですが、結果は「ノー」ということだったといいます。要するに、国の信頼とはそういうものなのです。

日本人はどこでもスースー通過できます。今、アメリカが厳しくなってきましたが、あれは日本が悪いのではなくて、アメリカがどの国に対しても、自分の国に対しても神経質になっているのです。

教科書に日本人としての誇りを育てる話を

中山　二〇〇一年に起こった九・一一の事件以降、アメリカの空港では、靴まで脱がされ、ズボンのベルトも外し、全身をチェックされるようになりましたね。

金美齢さんのお話が出ましたが、台湾には「哈日《ハーリー》族」という日本のポップ・カルチャーが大好きな若者がいるし、年配の方の中にも正直・勤勉・信義という、かつての日本人の美徳であった「日本精神《リップンチェンシン》」を評価する人々が大勢います。それは、烏山頭《うざんとう》ダムや給排水路を建設した八田與一《はったよいち》(1)のように、ほんとうに勤勉実直の日本精神で台湾のために貢献した人がいたからだと思います。台湾で親日的な人々に出会うと、それはこれまでの先人たちの血と汗のにじむ献身的な努力のおかげだと、心から感謝します。もし現代の日本人が、このような歴史的事実に無知であるとしたら、非常に残念なことです。

渡部　台湾の人だって、一度撤去された與一の像を復興しているわけですからね。

中山　八田與一の外代樹《とよき》夫人も、「みあとしたひて我もゆくなり」という遺書を残して、烏山頭ダムの放水路に身を投げました。一九四五年九月一日、日本がミズーリ艦上で降伏文書に署名する前日です。そのような時系列でみると、単なる後追い自殺ということで片づけられないものを感じます。自分が生きた時代と運命を共にし、ダムの人柱になる覚悟で夫のもとへ旅立ったのだと信じます。八田與一に限らず、当時の人々には「私」よりも「公」を優先する考え方がありました。それに比べると、今の時代は民主主義の美名のもとに、個人主義が尊重されすぎている風潮がありますが。

渡部　私は民主主義に関して、どちらかといえば、チャーチルが言ったように、理想的にいい主義ではないけれども、ほかの制度よりはいいと思っています。同じ民主主義でも、日本の場合は占領という変な傷を負ったから、それを治すために強力な修復工事をする人が必要だと思います。

そのためには、私は義務教育で、小学校六年まででもいいのですが、教科書は国定にして、その中では神話とか偉かった日本人、たとえば八田與一の話を入れたりすべきだと考えています。日本人のプライドを増すような話をポッポポッポと入れたような教科書を、私は強制するべきだと思っているんです。あるいは国定にしなくても、各会社に「この話とこの話は入れること」と指示はできるのではないでしょうか。

中山　さらに、教科書自体の問題に加え、日本では、歴史教科書を書く人と使う人が全く別という構造的な問題がありますね。教科書を書くのは大学の先生などの歴史の専門家で、使うのは中高の現場の先生方です。先生方は学習指導要領にきちんと沿って、いかに教科書の内容を正確に教えるかを工夫されるわけですから、

（1）明治十九～昭和十七（一八八六～一九四二）年。二十四歳で東京帝国大学土木課を卒業後、台湾総督府の土木部に就職。台湾南部にダムをつくり嘉南平野に大灌漑設備を敷くという事業を十年の歳月をかけて行い、台湾の農業発展に多大の貢献をした。この大規模な灌漑設備は「嘉《か》南《なん》大《たい》圳《しゅう》」と呼ばれる。五十六歳で亡くなるときまで台湾に住み、その発展に尽くした。
「嘉南大圳」によって農民の生活は格段に向上した。昭和六年にはその業績を記念して、事業に携わった従業員たちによって、ダムの畔に銅像が建てられた。像は戦時中の昭和十九年には撤去された。また、戦後になると、日本人の業績を否定する風潮のもと、日本人の墓や記念碑が片っ端から壊されたりしたが、「嘉南平野に恩恵をもたらしてくれた人である。技術に国境はない」という台湾の心ある人々によって隠され守られてきた。與一像が再びダムの畔に戻ったのは昭和五十六年のこと。

教科書を選んだ時点で、教える内容がほとんど決まってしまうのです。これがイギリスですと、そもそも日本のような検定歴史教科書がありません。また、いろいろな歴史解釈を許容する教育的風土があり、先生が生徒に対して「君はどう思う、あなたはどう思う」と、いろいろな考え方や意見を聞こうとする柔軟な教育姿勢が見られます。一方、日本では書いてある内容をいかに忠実に教えるかに重点が置かれているようです。また、教科書の内容や書き方は、教科書執筆者の歴史観に大きく影響されているように思います。教科書はどれも歴史の事実を公平に扱っていると思われがちですが、必ずしも現実はそうではなさそうなので、先生がおっしゃるように美しい「虹」を見せるためには正しい教科書選びがすこぶる重要です。

東京裁判は「悪代官のこじつけ」

中山　その一方で、学校を巣立った子供たちが仲間入りをする大人の社会では、思想・言論の自由が保障されていますので、当然、歴史観あるいは歴史認識でも多様性が認められてしかるべきだと思います。ところが、本来は個人の自由な思想の領域内で判断すべきものを、わざわざ社会問題化、政治問題化し、特定の歴史観以外はこれを排除するような動きがときどき見られますね。共産主義国家や全体主義国家じゃあるまいし、自由と民主主義を標榜《ひょうぼう》するこの国で、特定のイデオロギーだけを押し付けたり、それ以外のものを排斥したりするのは勘弁してもらいたいですね。たとえば、一部のマスコミ、教育界、政界には、いわゆる「自虐史観」でなければ許さんと言わんばかりの論調、あるいは圧力のようなものがありますが、どうかしているのではないでしょうか。私の専門であるミルトンも、『アレオパジティカ（言論の自由）』の中で言論と出版の自由を主張し、「すべての自由以上に、知り、話し、良心に従って自由に論議する自由を我に与えよ」と言っています。

自虐史観のもととなったと言われている東京裁判（極東国際軍事裁判）にしても、それが当時の国際法的基準や、法をあとからつくって罪を罰してはいけないという近代法学の大原則に照らしてどうだったかを、冷静に検証してみる必要があるのではないでしょうか。それこそ「過去の清算」と言うべきものです。
最近では冤罪《えんざい》の問題がマスコミを賑わせています。裁判で一度刑が確定しても、その裁判が不当であった場合は、再審で冤罪というケースもありうるわけです。戦前の日本国が犯したという戦争犯罪を、今一度、当時の戦時国際法の視点から再審してみたらどうでしょう。

東京裁判の正当性については、昔からいろいろと批判や問題意識があったのですね。ハンキー卿著、長谷川才次訳『戦犯裁判の錯誤』（昭和二十七年　時事通信社）、瀧川政次郎著『新版　東京裁判をさばく（上・下）』（昭和五十三年　創拓社）、八十五人の外国人識者による東京裁判批判を紹介した、佐藤和夫著『世界がさばく東京裁判』（平成十七年　明成社）などを読めば、問題の所在がよく分かります。

詳しい内容をここでは紹介できませんが、法制史が専門の法学者、瀧川政次郎は東京裁判の性格を明確に述べています。「連合国がいわゆるA級戦犯者を戦犯として裁判処刑する権利を持たないことは、パル判事(2)の説くところから明らかである。裁判権を持たない者が人を絞首台に上がらせることは虐殺以外の何ものでもない。極東国際軍事裁判所が有罪の判決をした根拠は、一九二七年に締結せられたパリ平和条約（ケロッグ・ブリアン条約）ただ一つである。この条約には日本も参加しているが、日本も他の加盟国がなしたる如く、これを批准するに当たって、自衛戦争はこの限りではないという留保を行っている。判決文がその他に加えている有罪の理由に至っては、いわゆる鍛練をして罪を成すものであって、悪代官のこじつけに等しい。連合国は卑劣なる復讐心を満足せしめるために、人類が長い間かかって築き上げた法律文化を破壊した。キーナン検事は本裁判の原告は『文明』であるといったが、それは『野蛮』であったのである」と言うのです。

東京裁判については、神学的な議論でなく、国際法的な議論をするべきです。同じように満洲事変に関する「平和に対する罪」も、「悪代官のこじつけ」に等しいものだと思われます。私がそれを実感したのは、レジナルド・ジョンストン(3)の書いた『紫禁城の黄昏』を訳出してからです。ジョンストンは清朝最後の皇帝溥儀《ふぎ》の家庭教師で、満洲国の誕生に至る歴史的経緯を、当時、紫禁城内にいた

（2）一八八六～一九六七。インドの国際法学者、裁判官。極東国際軍事裁判ではインド代表判事として派遣される。「パル意見書」を提出し、あらかじめ方向性が描かれている裁判そのものを批判し、全員無罪を主張した。

ただ一人の外国人の目でつぶさに眺め、第三者的な立場から貴重な証言を残しているのです。

それを訳出したのも、やはり渡部先生と上智大学の講師控室で交わした会話がきっかけでしたね。先生から「『紫禁城の黄昏』は、もし東京裁判で証拠として採用されていれば、判決がひっくり返っていたかもしれないほどの大変な名著だが、現在、岩波文庫から出版されている訳本は虫食い状態で不完全である」とうかがい、それなら著者注も含めて全訳を試みようと思ったのです。

渡部 ええ、『紫禁城の黄昏』の話をしましたら「私が訳しましょう」と言ってくださった。中山先生はまだそのころは博士論文をお書きになっていたので忙しかったのですが、約束をたがえずに訳してくださいました。しかもよかったのは、中山先生が麗澤大学という好環境の中にいらっしゃったこともあると思いますが、注がいいんです。非常にいい注をつけてくださいまして、これは訳のみならず、注で分かりやすくまとまった本になりました。当時のシナ人たちがどう考えていたか、われわれにはなかなか分かりづらい部分がありますからね。

岩波文庫版『紫禁城の黄昏』の問題点

中山　岩波文庫版の『紫禁城の黄昏』は、原書の第一章から十章までと十六章を全部削除しているんですね。おまけに序文も一部削除されています。理由は「主観的な色彩の強い前史的部分」だからということですが、どのような記述であれ、主観的な要素は含んでいるものです。仮に主観的だったとしても、その判断は読者がするものであり、訳者がするものではありません。著者に対して失礼です。

序文での虫食い部分には、康有為《こうゆうい》のことが書かれていました。康有為というのは、光緒帝《こうちょてい》（在位一八七四〜一九〇八）のもとで政治改革を行った人です。清国は、

(3) 一八七四〜一九三八。イギリスの外交官、ロンドン大学東方学院文科・言語科主任教授、学者。清朝最後の皇帝・溥儀の家庭教師を務め、イギリス租借地の威海衛の行政長官となった。一九三四年にはその家庭教師時代から溥儀が満洲国「元首」（執政）となるまでの動向を綴った『紫禁城の黄昏』を著した。

日清戦争で敗れたわけですが、ジョンストンも書いているように、「それまでずっと軽蔑し、無視しつづけてきた……小さな島国の帝国」である日本に負けるなんて考えられなかったわけです。だから、明治天皇のもとで近代化した日本のように、清国も生まれ変わらなければだめだと考える人も出てきました。彼らにとって、日本は見習うべきロール・モデルとなったのです。

康有為という人も、日本に倣って清朝を改革しようとした一人でした。立憲君主制樹立を最終目標とする変法を行うよう、光緒帝に幾度となく上奏し、一八九八年六月、ついに改革の主導権を与えられることとなったのですが（戊戌《ぼじゅつ》の変法）、当時、清王朝の実権を掌握していた西太后ら保守派の反感を買うこととなり、失敗に終わりました（戊戌の政変）。

渡部　省略された部分で最も興味深いのは、第十六章「君主制主義者の希望と夢」で、この章には、溥儀が満洲国皇帝として父祖の地・満洲に戻る可能性について、当時どのような主張や報道があったか、詳しく述べられています。

そう、第一級の歴史資料ですね。それなのに、ああいう省き方はほんとうに許すことができません。

中山　翻訳の省略を決定したのは出版社だったか訳者だったかは分かりませんけれども、少なくとも訳者にとってジョンストンの記述が気に食わなかったということは容易に想像がつきます。訳者の「あとがきにかえて」では、文章を締めくくる十行ほどの最終段落で、「夢」や「幻想」という言葉が七回も使われているのです。史実として認めたくないジョンストンの記録を、「夢の世界」として葬りたかったのでしょう。

一度そのような路線をひた走ると、あとから修正するのは難しいようですね。同じ訳者の一人が『溥儀』（岩波新書）という本を出しています。よっぽど『紫禁城の黄昏』を書いたジョンストンがお気に召さないのか、彼を「異国に中毒した趣味人の典型」とか、西洋かぶれの溥儀と清朝の礼服を着るジョンストンは「ナルシシズムの合わせ鏡」だとか、「坊主憎けりゃ袈裟まで憎い」のような書き方をしています。「中毒」とか「ナルシシズム」とか、否定的なニュアンスを伴う言葉を使うことで、ジョンストンを矮小化したいのではないかと疑いたくなりますね。しかし、ジョンストンは決してそのような人物ではありません。同著で「二十年余の中国在住の経歴」というだけで片づけようとしている中身を吟味すれば、「異国に中毒した趣味人の典型」とは間違っても言えないはずです。

一例を挙げますと、ジョンストンは一八九八年に香港に赴任した後、イギリスの租界地と軍港のある威海衛《いかいえい》（山東半島北東岸の港湾都市。威海の旧称）で地方官吏および行政長官に任命されます。威海衛の仕事の大半は徴税および裁判所の仕事でしたが、ここでジョンストンはその行政能力をいかんなく発揮しました。それまで清朝の政治制度の腐敗と役人の堕落によって高額となっていた税金を安くし、地元の行政官が紛争調停で金銭を懐に入れる習慣を廃止して訴訟を無料にしました。それまで賄賂をくすねていた現地人の法廷通訳を解雇し、自ら地域住民の訴訟の調停を一手に引き受けたのです。その結果、最初の一年間だけで四百件もの訴訟に耳を傾け、千通を超える中国語の嘆願書に目を通すことになりました。また何か問題があると、彼は中国語の道徳的教訓や箴言《しんげん》などを引き合いに出し、現地住民の啓蒙にも努めました。その姿勢に共感と敬意を覚えた住民たちは、彼が威海衛を去るとき、清らかな湧水を満たした白い壺を贈って餞《はなむけ》にしたほどです。

ジョンストンの上司にあたるスチュワート・ロックハートは、「実務家と学者の両面を併せ持つ稀に見る逸材である」と、彼に対する賛辞を惜しみませんでした。

事実、彼は紫禁城でも、皇帝の家庭教師を務めるかたわら、健全な帝室を築くために「王朝の生き血を吸う吸血鬼」の内務府との熾烈な対決をも辞さなかったのです。溥儀が宦官《かんがん》制度を廃止し、ジョンストンを内務府の管理者である弁事大臣に任命したのは、彼から道徳的助言を受けたからにほかなりません。ジョンストンは無類の読書好きの学者には違いありませんが、単なる世情に疎《うと》い本の虫ではは決してないのです。ジョンストンの人物伝、『レジナルド・ジョンストン――シナの官吏』（シオナ・エアリー著、二〇〇一年）を見れば、一目瞭然です。

『在支二十五年』に見るアメリカの日本への感情

渡部　中山先生は東京裁判で却下された資料をもう一つ翻訳されていますね。

中山　はい。『紫禁城の黄昏』以外にも、同じように却下された重要資料があるのではないかと常々思っていました。そんなとき、小堀桂一郎氏編纂の『東京裁判日本の弁明「却下未提出弁護側資料」抜粋』で、パウエル(4)の『在支二十五年』という本の存在を知りました。パウエルは在支ジャーナリストとして活動した人物ですが、非常に親中反日的な報道姿勢をとったアメリカ人です。

東京裁判の弁護団は、パウエルの書物から十六か所を抜粋し、証拠資料を作成したというのです。ところが、検察側に有利なはずの証拠にもかかわらず、「中共の活動について述べた部分の抄記四点の提示が却下されたのを見てあとは未提出に終った」そうです。中国における共産党の暴虐や共産主義の危険性については一切取り上げないという、裁判での基本方針があったからだと言われています。

つまり、東京裁判では、当時のソ連と中国共産党との関係や、共産党による策動や共産主義思想に対する日本の防衛という視点が、審議からすっぽり抜け落ちていたというわけです。そこで小堀先生に推薦の辞を書いていただき、渡部先生には監修の労をとっていただいて『「在支二十五年」米国人記者が見た戦前のシナと日本（上・下）』（祥伝社）を上梓することになったわけです。

渡部 あの本を読むと、当時のアメリカ人の日本に対する気持ちがよく分かりました。

中山 ええ、さきほど親中反日と言いましたが、当時のアメリカ人の一般的感情として、二千年の歴史と伝統のある日本と、アメリカと共通点の多い新興国である中華民国を比べた場合、どちらに共感を覚えるのかは初めから決まっていたように思えますね。

でも、当時の西安事件のことが詳しく書かれていますので、興味深い読みどころもあります。ただし残念なのは、なぜ蔣介石が国共合作に合意して方向転換したかが、今一つ納得できないことです。それに関しては『マオ　誰も知らなかった毛沢東（上）』（ユン・チアン、ジョン・ハリデイ著、土屋京子訳、講談社）に、おもしろい指摘がありました。それによると、蔣介石は当初、中共の要求した周恩来との会談を拒んでいたのですが、スターリンがモスクワに滞在中の蔣介石の息子、蔣経国の帰国を認めるという手紙を周恩来に持たせ、蔣介石と周恩来の会談を実現させたというのです。つまり、蔣介石は息子の命と引き換えに、首を縦に振ら

(4) 一八八六〜一九四七。一九一七年に上海に渡り、『チャイナ・ウィークリー・レヴュー』編集長として、一九四一年の最終号発刊までその職にあった。その間『チャイナ・プレス』編集長、『シカゴ・トリビューン』特派員、『マンチェスター・ガーディアン』『デイリー・ヘラルド・ロンドン』の通信記者を兼務。アジアで最も影響力のあるジャーナリストの一人として活躍。一九四一年の日米開戦と同時に日本軍の捕虜収容所に収容されたが、翌年の交換船で帰国。一九四五年に『在支二十五年』を発刊。

されたわけです。その背後には、スターリンがソ連国境へ日本軍が北進するのを恐れ、蒋介石軍と日本軍を戦わせることで、日本軍を大陸奥地へ引きずり込もうとする思惑があったとも言われています。

渡部　おもしろかったのは、満洲事変のときに「自分たちはなんと弱いんだ」と、シナ人全体ががっくりきちゃうのですが、その直後に第一次上海事件が起こります。すると、今度はわりとよく戦ったというので自信を回復したというんです。それで、きっと蒋介石は日本を上海に引き込んで勝とうということで、ドイツ参謀本部あたりから参謀長クラスの高級軍人をいっぱい入れて、トーチカ（鉄筋コンクリート製の防御陣地）や塹壕《トレンチ》やクリーク（小川）をつくり、機関銃を配し、第一次大戦の経験に基づく徹底的な防御体制を敷いてから、日本に攻撃をしかけたんです。そういうことはよく分かりました。

それからパウエルは、満洲の平野はアイダホとかオハイオなどの西部諸州に匹敵するものだと言うのですね。満洲の川の流域はミシシッピー流域のようだと。こんなことを書かれたら、アメリカ人はその土地を絶対に日本に渡したくなくなるわけですよ。

中山　パウエルには、中華民国がアメリカ本土のようにも思えたんでしょうね。

私がおもしろいと思ったのは、パウエルなど、ミズーリ大学でジャーナリズムを専攻した一派を中心とする中国でのアメリカの広報活動が、五四運動を引き起こす起爆剤の一つになったと匂わしている点です。本文には、その学生運動に、駐支公使のラインシュが一枚噛んでいたことを示すパウエルの記述、すなわち彼は北京の「学生運動の発生に間接的な責任」があり、中国の若い世代の知識層、帰国学生、ミッションスクールの卒業生に対しても「日本の圧力に抵抗せよ」と訴えかけたという一節があります。一般に五四運動というと、北京大学の学生運動にその発端を求め、「民主」と「科学」のスローガンを掲げて封建主義文化と戦った新文化運動の産物とする見方がありますが、そのような国内要因以外にも、アメリカによるプロパガンダ活動の影響があったというのは興味深いですね。

同じくミズーリ派のジャーナリストのカール・クロウも、取材の縁から広東政府の伍延芳《ごえんぽう》や唐紹儀《とうしょうぎ》とも親交を結んでいました。さらにパウエルとのちの国民党中央宣伝部副部長の董顕光《とうけんこう》は、ミズーリ大学時代以来、師弟関係にありました。当時の中国国内で米中合同の組織的な反日ネットワークが形成されていたことをうかがわせますね。

もう一つおもしろかったのは、ブルー・エクスプレス事件です。中国人匪賊《ひぞく》による列車襲撃事件で臨城事件とも呼ばれますが、実はパウエルも捕虜の一人になりました。

ごく一般的な常識からすれば、匪賊とは反社会的な略奪や殺人も厭《いと》わない強盗集団であり、それを退治して社会の治安を維持するのが政府軍であると考えます。ところが、当時の中国では、もちろん匪賊を退治する剿匪《しょうひ》軍はありましたが、片方が正義の味方で片方が犯罪者という関係ではなかった。ひとくちに匪賊といっても、その種類はさまざまで、特に臨城事件を起こした匪賊を「兵匪」といいます。つまり、軍隊くずれで組織的に犯罪行動をする集団です。また匪賊が兵士として徴兵されることもあったのです。

日本嫌いのパウエルでさえ、「もし日本が『秩序を維持する』ために山東省に駐留することを許されていたならば、匪賊事件など決して起こらなかったであろう」と言ったのも、当時の中国では、自国居留民の安全を保障するためには自国軍が必要であるという現実を無視できなかったからではないでしょうか。

日本留学に変質した科挙制度

渡部　私は、戦後の歴史はわりとあてにならないところがあると思っているんですね。『科挙』という本を書かれた宮崎市定《みやざきいちさだ》（一九〇一～一九九五）という偉い学者がいます。この方は京都大学の人で、博士論文として原稿を書いてもうできあがっていたのですが、印刷しようとしたら出征することになって、その原稿を大阪の出版社に預けたんです。大阪は空襲で焼けたのですが、幸いにそこの金庫は焼けなかった。それで復員するとすぐに出版したのが、昭和二十一年ごろの『科挙』という本なんです。これはいい本です。科挙についての本格的な最初の本だと思います。科挙の始めから終わりまでの歴史が記されています。

その後、中公新書から同じ宮崎市定先生によって『科挙』が出版されました。ところが、それを読んでいくと、ずっと科挙のことが書いてあって、最後がないんです。なぜかというと、分かりきったことなのですが、科挙の制度の最後は、日露戦争に日本が勝ったのを見てびっくりした清朝が、今度は科挙ではなくて日本に留学して、日本の大学のレベルと滞在の年限とを考えて、それを満たした人物を科挙に相当するものとして評価するようになったんです。科挙の試験が日本留学になったんです。

中山　中公新書の本では、そこが省かれています。戦後の日本の出版界がいかにシナに対して卑屈であるか、その表れです。もっともこれは、私も批判しましたし、ほかにも批判する人がいたのだと思います。『科挙』はその後、平凡社の東洋文庫にもとの形で入りました。中公新書版はしっぽがないんです。

岡田英弘氏の『中国文明の歴史』（講談社現代新書）にも、日清戦争の敗戦により、中国はこれまで千三百年間指導者層を生み出してきた科挙という伝統的システムを完全に破棄し、留学帰りの人々を官吏として登用するようになった、と書かれていますね。その際、留学生が最も多かったのは日本であると。当時、日本語に影響された「時文」があちらの官庁や新聞で使われるようになったのも、日本帰りの留学生を通して日本語の文体と語彙が大量に流入した結果です。中公新書版の『科挙』は、このような常識的な部分をあえて省略したわけですね。

荻生徂徠と伊藤仁斎の志の違い

渡部　だから、さきほどの岩波の『紫禁城の黄昏』をはじめ、ほんとうにあてにならない。それから不思議に思ったのは、一九七〇年代の初めに荻生徂徠《おぎゅうそらい》全集が二つも出ているんです。荻生徂徠は江戸時代の漢文学者ですが、その全集が二度も出ている。一つはみすず書房で、もう一つは河出書房新社からです。おかしいと思いました。

考えてみると、荻生徂徠というのは大学者なのですが、ある意味、卑屈な男なんです。結局、徳川綱吉のもとで老中を務めた柳沢吉保に仕えて五百石もらっているのですが、自分のことを物徂徠《ぶつそらい》などと呼んでいるんです。自分の先祖は物部氏だから物徂徠と、シナ風に言っているんです。それに東夷《とうい》、東のえびすとも言っているんです。

彼は初めは儒学者の伊藤仁斎を尊敬するんです。ところが、途中からどういうわけか伊藤仁斎を批判する。伊藤仁斎はどういう人かといいますと、京都にいた大学者で、紀州の殿様から一千石で呼ばれても断っているという人なんです。息子の東涯も同じで、五百石くらいで呼ばれたのに断っています。つまり、学問をするためには人に仕えてしまってはだめなんです。

伊藤仁斎は自分の名前を夷仁斎なんてシナ風にしません。そして、こんな詩をつくっています。

神皇正統億万歳
一姓相傳日月光
市井小臣嘗竊祝
願教文教勝虞唐

——日本は万世一系で永久に栄え、皇室は易姓《えきせい》革命などなく、日や月の如く変わらない。自分は町の中の小さな民であるけれども、かつて神様に誓ったことがあった。それは日本を文教においてシナの聖帝といわれる堯（陶唐《とうとう》氏）や舜（有虞《ゆうぐ》氏）よりも優れたものにしようということだった――と言っています。

最初に、日本が万世一系であることをたたえているんです。これは非常に重要なことで、シナでは万世一系じゃないわけです。王朝の姓を見ていきますと、秦は嬴《えい》、漢は劉《りゅう》、隋は煬《よう》、唐は李《り》、宋は趙《ちょう》、それから元は蒙古族でクビライ・ボルジキン、次に明は朱であって、清は愛新覚羅《あいしんかくら》、これは満洲族です。全部姓が変わります。それに対して、伊藤仁斎は日本が万世一系であることをたたえているわけです。

ところが、荻生徂徠は自分のことを物徂徠、東夷と言っているんです。そうすると、荻生徂徠全集が出されたころ（一九七〇年ごろ）は、シナ学者が文化大革命をヨイショしたときでした。

私は、吉川幸次郎という方を非常に尊敬していました。しかし、あの人は徂徠を特に重んじた。そしてチャイニーズ・カンバセーション（会話）ができることを非常に誇りにしておられました。江戸時代の漢学者がチャイニーズ・カンバセーションがどこまでできたかは分かりませんが、やろうとして、長崎の通事などを呼んで勉強をしたのは荻生徂徠なんですよ。そのへんが通じていたのかもしれません。

京都大学は戦前『支那学』という学術誌を出していまして、世界に冠たる業績を上げていました。ところが、それが「中国文学会」とかなんとかになったわけです。「中国」の意味は、京都大学のシナ学者たちは分かっていたはずなんです。シナ人が中国といったら、日本は東夷なんです。東夷・南蛮《なんばん》・西戎《せいじゅう》・北狄《ほくてき》ですから。周囲は全部野蛮人で、中国だけがいいというわけです。

「中国」のほんとうの意味は、日本だってちゃんと知っておりまして、『日本書紀』で「中国」といったら「日本」のことを指しているんです。それから、江戸時代に山鹿素行《やまがそこう》は『中朝事実《ちゅうちょうじじつ》』という本を書いています。「中朝」とは「中国の朝廷」という意味ですが、ここでは日本の朝廷のことをいっています。

つまり、知っているんです。「中国」という言葉は自分の国を褒める言葉だということを。だから、京都大学の漢学者たちがそれを知らないわけがないんです。それなのに、「中国文学会」なんて情けないことを言うなあと思いました。しかも、京都大学には「支那学」という確立した言い方があったわけです。大学者がいっぱいいましたから。

吉川先生はあのころ、岩波から『中国詩人選集』を出したりして、ものすごく人気がありました。その先生が荻生徂徠を褒めまくったから、全集が出たのではないでしょうか。全集は二十巻ですよ。おもしろいのは、みすず書房の全集は、監修者が丸山真男と吉川幸次郎です。

意図的に「偽りの歴史」を教える人たち

中山　知っているのに、知らないことにする。あるいは知っているのに、それを言えないというのは、どのような構造なのでしょうか。学問には師弟関係がありますから、一九七〇年代、八〇年代に、間違った学説を掲げる人が学問の権威だったりすると、「ご無理ごもっとも」で、なかなか反論できなかったのかもしれませんね。権威といわれる大先生には当然お弟子さんがたくさんいて、大学や学会で多数派が形成されることもあるでしょうから、ある種の「白い巨塔」のようなものができあがっていたのかもしれません。

渡部　いずれにせよ、一九七〇年代、八〇年代の学者が書いたものはちょっと怪しいのが多いですね。まゆにつばをつけたほうがいいものが多いような気がします。

中山　「まゆつば」といえば、一九七〇年代の日本の大学では「偽りの歴史」が堂々と教えられていたと、井沢元彦さんが指摘していますね（『日本史集中講義』祥伝社）。その好例として、朝鮮戦争を挙げています。朝鮮戦争は一九五〇年六月に朝鮮民主主義人民共和国、すなわち北朝鮮の軍隊が北緯三十八度線を突破し、大韓民国を攻撃して始まった戦争でした。現在、この説明に異議を唱える人は、北朝鮮を除いていないと思います。ところが、一九七〇年代の大学では、朝鮮戦争は韓国とアメリカが仕組んだ陰謀で、北朝鮮は被害者であったというような「偽りの歴史」が堂々と教えられ、それも、むしろそのほうが多数派の定説だったというのです。その時代の代表的な学者が、日本近代史の最高権威で一橋大学名誉教授の藤原彰《ふじわらあきら》という学者だったそうです。井沢さんは藤原教授が真実を承知のうえでそれを歪曲したと述べていますが、もしそうなら、事実を曲げてまで学問をする意味は何であったのか。それを学生に教育したことを教師としてどう考えるのか。非常に重大な問題をはらんでいるように思えます。その意味では、荻生徂徠全集にしても、その時代の政治的イデオロギーに影響された編集の意図を感じますね。

渡部　だって、『紫禁城の黄昏』という天下の名著を勝手に削るんですから。しかも、岩波文庫という権威のある本でですよ。

中山　再版をされても、その間違った箇所は直されていないですよね。

渡部　それは図々しいことです。

ジョンストンは『紫禁城の黄昏』で、清国は「ジ・エンパイヤ・オブ・チャイナ」と英訳されるけれども、シナにはディナスティ（dynasty　王朝）の名前しかないんだと言っています。これは正しい言い方です。

そのディナスティは、いろいろな民族がつくっているんです。隋も唐も漢民族ではない。鮮卑《せんぴ》と言われた人々です。考えてみると、あの時代から漢文もがらりと変わります。漢文でおもしろいのは、隋以前です。隋以後は同じようなことの繰り返しです。唐になったら詩がばあーと入る。これはやはり、民族が違ったからです。

孔子とか孟子とか、いわゆるシナの古典ができたときの民族は何かというと、周の民族なんです。周の民族はもう消えているんです。それはあたかも、アリストテレス、プラトンのギリシア民族が消えたようなもので、研究しているのはドイツ人だったり、イギリス人だったりという比喩が該当するでしょう。

だから私は、シナのものを書くときには、古典はすばらしいから褒めるけれど、今のシナを褒めたと思われては困るから、これは周の文化であって今の民族とは関係ないと、必ず序文でわざわざ断るんです。

中山 日本人の中には中国というと、今も昔も現在の中華人民共和国のような一つの国があったように思う人もいるけれども、実際はそうではなかったということですね。歴史的にはいろいろな王朝の興亡があり、その王朝を構成する民族とそれ以外の民族とが、支配と対立を繰り返してきた、と。

また、漢字というのは表意文字ですから、あたかも変わらずに続いているような錯覚を起こします。でも、発音はみんな違ったりしているのです。

渡部 ギリシア語やラテン語やゲルマン諸方言などはみんな発音が表音文字ですから、違った民族だと分かります。もしヨーロッパも全部表意文字だったら、分かりませんね。

そういう常識を、伊藤仁斎は知っていたんです。伊藤仁斎を口汚く批判した徂徠も知っていたのだろうけれども、自分を東夷と呼んでいた。それはシナから見た見方で、東の夷《えびす》、野蛮人です。

子供は自分たちの先祖のいい話を聞きたがっている

渡部

さきほど中山先生は、自国を誇りに思うかどうかのランキングで日本が最下位だと言いましたが、誇りになる日本人は、探せばいくらでもいると思います。ただ、左翼が、国の犠牲になるのは悪いことだと喧伝し、妨害するんです。なぜかというと、犠牲になるのをいやがらない日本人がいるということは、隣の国ロシアにとっても、中国にとっても具合が悪いのです。だから日本人に、お国のために犠牲になるのは損だよ、と喧伝する。しかし、自分の国はもちろんたたえるわけです。

たとえば佐久間《さくま》(勉《つとむ》)艇長とか、ああいう話はすばらしいです。それから、最近は英海軍の巡洋艦「エクゼター」を救った工藤俊作《くどうしゅんさく》中佐などの話をよく聞きますが、ああいう話を教科書に入れたら、子供の目がみんな輝くはずなんです。

中山　そうですよね。佐久間艇長の物語は、講談社「修養全集」の中の『日本の誇』（第十二巻）に収載されている長田幹彦《ながたみきひこ》の「佐久間艇長」で知りました。先日もそれを読み直し、感動を新たにしたところです。

当時の潜水艦は、今日のようなハイテク技術を駆使したものではありませんでした。航行・操作とも非常に難しく、また水中でガソリンを燃料とする内燃機関を使うという、とても危険な航行実験も行っていたのですね。事故の原因は潜水艦の安全性にもあったはずなのに、佐久間艇長は「小官の不注意により、陛下の艇を沈め部下を殺す」と、遺品となったメモの冒頭で、まず事件を自分の責任として受け止めています。そして呼吸もままならない絶体絶命の状況で、死と直面しながらも「沈没の原因」「沈据後の状況」を沈着冷静に記録し、最後に「公遺書」で部下の遺族が困窮しないようにと要請しています。自分の生命が危ういときでも、他者への思いやりを忘れないのです。遺書の最後の一文は、「ガソリンをブローアウトせしし積りなれどもガソリンに酔うた」で終わり、力尽きました。

艦内は真っ暗なので、その記録は司令塔のピープホール（のぞき穴）から差し込む海底のわずかな光をたよりに書いたものです。

ちょうどそのころ、ヨーロッパの大国でも同じような潜水艦事故がありました。そのときは士官も兵士もわれ先に助かろうとしたらしく、入口に折り重なって死んでいたそうです。各自が職務を忘れて争ったために、その大部分は見苦しく負傷していました。しかし、事故後に引き上げられた佐久間艇長の潜水艦の中に入ってみると、全員絶命していたけれども、最後まで自己の持ち場を守って任務を忠実に果たし、しかも従容《しょうよう》として死に就いていたそうです。その壮烈な光景に涙を流さないものはありませんでした。

それから先生がおっしゃった工藤中佐の美談ですが、実は、その救われた側であるサム・フォール卿の自伝『マイ・ラッキー・ライフ』（我が幸運なる人生）という本を私が監訳する機会を得まして、『ありがとう武士道』（中山理監訳・先田賢紀智訳、麗澤大学出版会）という書名で訳出しました。ここに登場する工藤中佐も、りっぱな武士道精神の持ち主ですね。

大東亜戦争が始まって間もなくの一九四二年二月二十七日から三月一日にかけ

て、ジャワ島北方のスラバヤ沖で英米蘭の連合艦隊との戦いが勃発しました。日本艦隊は三月一日までに、敵艦十五隻中十一隻を撃沈しました。その中には、大英帝国海軍の巡洋艦「エクゼター」と駆逐艦「エンカウンター」が含まれ、乗組員四百数十名は海上で油まみれになりながら漂流を続けていました。二日目にもなると、彼らは生存の限界に達しつつありましたが、このとき、偶然にもこの海域を航行していた日本海軍の駆逐艦「雷《いかづち》」に発見されたのです。当時、大英帝国海軍中尉だったフォール卿は、「日本人は非情だ」という先入観を持っていたため、機銃掃射を受けていよいよ最期を迎えるものと覚悟を決めていたそうです。

ところが、「雷」は即座に「救助活動中」の国際信号旗を掲げ、漂流者全員を救助しました。艦長の工藤中佐は、イギリス兵士全員を前甲板に集め、敬礼し、「諸君は果敢に戦われた。今、諸君は大日本帝国海軍の大切な賓客である。私は英国海軍を尊敬するが、日本に戦いを挑む貴国政府は実に愚かである」と英語であいさつしました。そして艦長の指示で、イギリス兵士全員に衣服、水、食料が支給されるなど、「心温まる歓迎」を受けたとフォール卿は書き残しています。

神話から武士道まで、子供たちに聞かせたい話はいくらでもあります。しかし

渡部

残念でならないのは、工藤中佐の美談を後世に伝えているのは誰かというと、同胞の日本人ではなく、かつての敵国であったイギリス人なんです。最近でこそ、惠隆之介(めぐみりゅうのすけ)さんの著書などで日本でも知られるようになってきましたが、それまでは、「戦争に関するものはすべてが悪だ」という偏狭な歴史観ゆえか、美談さえ日の目を見ることはありませんでした。日本人としてなんとも情けない気持ちになりますね。

日本人が残虐だという話が今から二十年前くらいに出たときに、私はたまたま『ロンドン・エコノミスト』で読んだのですが、サム・フォール卿が投稿をしているんです。そして「自分は日本海軍から紳士的な扱いを受けた」と書いています。そのせいか、イギリスの海軍には反日感情がないといいます。これは大きいことです。

それを日本の子供たちに知らせたら、ものすごく喜ぶんです。子供というのは、自分の国のいい話を聞きたがっているんです。これは昔のことですが、三省堂の英語の教科書か何かに杉原千畝《すぎはらちうね》(5)さんの話が出ていた。ところがおもしろいことに、試験をすると杉原千畝さんのレッスンのところは必ず成績がいいのだそうです。

子供はみんな、そこだけは勉強するんですね。それほど子供は自分の国の先祖のいい話を聞きたがっているのに、聞かせないという勢力がずっと教育界を支配してきたんです。

中山　この前、日本教育再生機構主催のタウンミーティングで、道徳教育の推進をテーマに提言を行う機会を得たのですが、そのとき質問に答える形で偶然にも工藤中佐の話をしました。そうしたら、フロアーの参加者の先生からコメントをいただきまして、「これを授業で教材として使ったところ、感動して涙を流した女子生徒がいた」ということでした。世間では道徳が若者に煙たがられると言われていますが、このような、魂をゆり動かす教材に出会っていないことも一因でしょうね。

実は、敵兵救助の物語は、工藤艦長だけではないのですね。上村彦之丞《かみむらひこのじょう》という海軍大将も、日露戦争のときにロシアの巡洋艦の乗組員六百二十七名を救っています。戦前の日本では、このような博愛精神が武士道的伝統として息づいていたのだと思います。それなのに戦前の教育はすべて間違っていたみたいに言うから、良いものまで見捨てられてしまうのですね。

渡部　あのとき追撃戦に移っていけば、さらに戦果が拡大できたのに、上村大将はそこで戦闘をやめて敵兵の救助にあたったのですね。

中山　大学院時代の同級生に山下信一さんという、私よりずっと年上の方がいたのですが、昨年の九月に『ありがとう武士道』を読んだ感想のお手紙をわざわざ送ってくださったのです。戦時中、山下さんは第四十八師団陸軍の兵士だったそうで、ジャワ島に向けて航行中に、何千というボートに乗った裸の英・米・オランダ兵が海に漂っている姿を目撃したそうです。しかし山下さんの師団は上陸してオランダ兵と戦うのが使命だったため、気の毒だとは思ったものの傍観するしかなかったと、当時の生々しい状況を教えてくれました。そのような実体験を持つ方にとって、工藤艦長の救出劇はまさしく美談として脳裏に蘇ってきたのでしょう。新聞の広告で『ありがとう武士道』を見て驚き、喜んで、さっそく買い求めたということでした。当時、敵国だったアメリカ海軍は、日本の病院船や引揚者の輸

（５）明治三十三～昭和六十一（一九〇〇～一九八六）年。外交官。第二次世界大戦時にリトアニアの日本領事館に赴任、ユダヤ人難民が亡命できるよう大量のビザを発給。およそ六千人のユダヤ人を救った。

送船まで撃沈しています。さきほどの八田與一も、政府の命令を受けてフィリピンに灌漑工事をしに行く途中、乗った船をアメリカの潜水艦に撃沈されて亡くなったのですから。

そういう気高い精神、利他的な武士道精神を後世に伝えていかなければならないと思います。このような話を持ち出すと、決まって左翼の人々は戦争を美化する物語だといって騒ぎ立てますが、戦争も暗い話題ばかりではないのです。義勇というか武士道というか、敵艦に見つかったら沈められるかもしれない状況にあったにもかかわらず、敵兵を救ったという美談もあるのです。

中世のないアメリカには騎士道もない

渡部 私は、日本で武士道が消えたのは、西洋で騎士道が消えたのと似ていると思うのです。騎士道は、ご存じのように戦う両者の身分が高いから、けんかした場合はどちらが正しいと言ってはいけない。だから、後見人のような人がいて試合をさせるわけです。それで勝ったほうは、相手を殺しても悪いことにはならない。しかし、殺されたほうが悪かったということでもないのです。要するに、両者ともそれぞれの理由があって戦ったということです。

それが紳士になると、十歩下がって振り向いてピストルを撃つようになります。そのとき、十歩下がらないで七歩くらいで撃つのはだめなんです。

その騎士道精神がなくなったのは、宗教改革の三十年戦争[6]なんです。宗教戦争では、敵は全部悪魔ですから殺すわけです。そんなことを三十年もやっていたらもういやになってしまって、ウエストファリア条約[7]を結ぶことになったわけです。

そのときから国際法というものを考えるようになって、この国際法の基本精神

（6）一六一八年、ドイツに端を発し、三十年間、ヨーロッパ諸国を巻き込んだ戦争で、いわゆる宗教戦争の最後にして最大のものとされる。当初は宗教的対立による戦争の傾向が強かったが、外国勢力が介入することで政治的利害が優越し、最終的にはオーストリア、スペインの両ハプスブルク家とフランスのブルボン家の対抗関係が主軸となった。

（7）一六四八年、ウエストファリア地方のミュンスター、オスナブリュックで締結された、三十年戦争の一連の講和条約。初の本格的な多国間条約とされる。

が騎士の決闘です。だから、どの国が悪いということは言ってはいけないのです。ただ、「戦争の途中に関係のない民衆を殺したりしてはいけない」というのが国際法です。第一次大戦までは戦争が最高の見せ物みたいな存在だったのは、だいたいそれが守られたからなのです。

ところが、第一次大戦にアメリカが参加しました。そうすると、その原則が崩れかかるのです。かろうじて止まったのは、まだほかのヨーロッパの国がいたからです。だからドイツ皇帝についても裁けという声が席巻《せっけん》するのではなくて、オランダに隠遁《いんとん》するということで決着がついたわけです。

それがさきの第二次大戦では、完全にアメリカの一人勝ちです。だからアメリカの精神で「日本が悪い」ということになります。アメリカでは、宗教戦争の伝統のようなもので、インディアンを潰すわけです。自分たちがあとから来たのに原住民を潰しておいて、原住民のインディアンのほうが悪いというのはおかしな理屈です。西部劇というのは、われわれもそれを喜んでいた時代があったんですが、考えてみると実におかしな話なんです。

そこで重要なのは、中山先生が訳されているセシル・チェスタトンの『アメリカ史』です。アメリカは「中世」がない人たちがつくったんです。最初はピューリタンが中心になって、ニューイングランドをつくったわけです。だから、アメリカ人は中世などは暗黒時代そのものだと思っています。

そうすると、発想が中世を抜いてすぐに古代に結びつくわけです。教育はギリシア・ローマでいいとなり、あとは奴隷制度まで引き継ぐのです。そして騎士道は忘れるわけです。敵は必ず悪い者なのです。その延長が東京裁判にまで及んでいます。

だから、マッカーサーには騎士道精神が全然ありません。彼は自分が最初フィリピンを守っていたときに本間雅晴《ほんままさはる》中将に、ぼろぼろに負かされてコレヒドールから潜水艦でダバオ、そしてそこから飛行機でオーストラリアに逃げます。数万の兵隊をフィリピンの山の中に置きざりにしています。あとで反攻するわけですが、そのときに戦ったのは山下奉文《やましたともゆき》大将で、これは昭和二十年の八月十五日まで、山の中でかろうじて戦い続けていたわけです。

戦後、マッカーサーが連合国軍の最高司令官として日本へやって来たとき、何をやったか。まずは、自分をフィリピンから追い払った本間中将を引き出して銃殺です。そして山下奉文大将、これは絞首刑です。山下の裁判のときには、わざわざパーシバルを呼んでいます。パーシバルとはイギリスのシンガポール総司令官で、かつて山下に降伏しているわけです。その山下が絞首刑になるのをパーシバルに見せてやろうというわけです。これがいかに騎士道に反したことかは言うまでもありません。もちろん、東京裁判全体が反騎士道なのですが。

その人格によってアメリカ人をも感動させた乃木大将

渡部　私たちの世代は、昔の「水師営《すいしえい》の会見」という歌を知っています。「旅順開城《りょじゅんかいじょう》約成《やくな》りて　敵の将軍ステッセル　乃木大将と会見の　所は何処《いずこ》水師営」とありまして、その四番目に、「昨日の敵は今日の友　語る言葉もうちとけて　我は称《たた》えつかの防備　彼は称えつ我が武勇」という歌詞があるんです。お互いにお互いを尊重し合うんです。そして敵のステッセルも、「かたち正して言い出《い》でぬ『この方面の戦闘に　二子を失い給いつる　閣下の心如何《いかが》にぞ』と」とあります。

中山　乃木大将は、「『二人の我が子それぞれに　死所を得たるを喜べり　これぞ武門の面目』と　大将答え力あり」と言っています。これはまさに、騎士道の最後の花なんです。

『乃木大将と日本人』（講談社学術文庫）という本を書いたスタンレー・ウォシュバンというアメリカの従軍記者は、「大きな仕事よりも、むしろ人格によって、その時世に非常な貢献をする人が、三十年に一度か、六十年に一度くらい出現する」ことがあるが、乃木大将はまさにそのような人だったと絶賛しています。明治天皇の崩御とともに、乃木大将と夫人は自決するのですが、キリスト教国の常識からいえば自殺は許されない罪なんです。しかし、ウォシュバンは「乃木大将を知って、いささか将軍の理想を解し、先帝に対する崇拝の赤心を解するものよりみれば、何ら怪しむべきことに非《あら》ず、ほとんど自然の進退」と見なし、夫人の自決に対しても、汽船タイタニックが沈没したときに夫と死を共にしたストラウス夫人を引き合いに出して、「この貞烈な日本婦人に対しても、同じく敬虔の念をもってせねばならぬ」と認《したた》めています。乃木大将は、文化の壁を越えて、アメリカ人記者をも感動させた日本人だったんですね。だから、日本に騎士道があったことは、アメリカ人も認めているのです。

さきほど先生が触れられたセシル・チェスタトンの『アメリカ史』ですが、歴史と伝統の感覚を重んずるカトリック教徒のイギリス人が、プロテスタントの新興国アメリカを眺めたらどう思うかが書かれていて、非常に楽しみながら訳し終えました。これを読むと、アメリカでは中世の伝統や精神性がすっぽり抜けていることが分かります。

渡部 もしも騎士道があれば、非常に勇敢だったインディアンの酋長は、少なくとも新しくできた州の名誉知事くらいにはすべきなんです。日本は、韓国でも王様や王太子の称号はそのまま世襲として残しました。政府高官だった両班《ヤンバン》も、日本の華族にしたんです。それから「道」という「県」のような存在がありますが、併合から三十年近くたつと、半分近くの「道」で朝鮮人を知事にしているんです。台湾出身の貴族院議員も三人くらいつくっているんです。インドやパキスタン、あるいはミャンマーの人がイギリスの上院議員になれるかといったら、夢物語です。夢にも出てこない。戦前の日本にはまだ騎士道精神が残っていたんです。

中山 満洲国についても植民地の傀儡《かいらい》政権とか、偽満州国とか、いろいろと言われていますが、あの時代に満洲人の溥儀《ふぎ》をトップの座に据えるというのは、大航海時代から世界中に植民地をつくってきた西洋諸国では、ちょっと考えられないことではないでしょうか。アジア・アフリカでヨーロッパ諸国が何をしてきたか、アメリカがハワイで何をやったかを振り返ってみれば、分かると思います。

渡部　しかも満洲皇帝にしてみれば、自分の先祖の土地に建国したのですから、誰かほかの人間に文句を言われる筋合いは全くないんです。万里の長城の北側がシナ人のものだなんてことは、あり得ないんですから。

東京裁判にはほんとうに騎士道がなかったんですよ。やはり朝鮮戦争が起こってからは、有罪とされた日本の戦犯たちも、共産主義を抑えるために満洲でやったことなのだから、当然言い分があったことが、アメリカにも分かったんです。

総司令官というのはオールマイティなのだから、マッカーサーはアメリカに帰る前に、少なくとも死刑だけは取り消すべきだったんです。彼は、自分が総司令官をクビになってアメリカに帰ってから、上院の軍事外交共同委員会において「したがって日本が戦争に突入した目的は、主にセキュリティ（自衛もしくは生存）に迫られてのことだった」と証言している（昭和二十六年五月）。遅いんですよ。

中山　東京裁判を行うよう命じたのはマッカーサーですから、ご本人が自分の行いの誤りを認めたことになりますね。

それにしても、やはり歴史を教えるには感動する物語が大事ですね。感動と驚きがないと、歴史教育は成り立たないのではないでしょうか。「おまえのおじいさん、お父さんの時代は皆、悪いことばかりしていた」なんて教えたら、道徳教育はできなくなってしまいます。

渡部　しかも嘘で固めてね。

誤った歴史認識を土台に進む日本社会

中山　最近は、「草食系男子」という流行語ができるほど男性が優しくなった反面、頼りない男性が増えているためか、真田幸村《さなだゆきむら》や伊達正宗《だてまさむね》のような強い戦国武将にあこがれる歴史好きの女性が現れ、「歴女《れきじょ》」とか呼ばれているようです。また、NHKドラマ『天地人』の影響かもしれませんが、主人公の直江兼続《なおえかねつぐ》の兜《かぶと》飾りの

渡部　「愛」を、男女間の愛と勘違いする女性ファンもいるそうです。
　以前、熟年離婚をテーマにしたテレビドラマを家内から見せられたんですが、ああいうドラマに登場する奥さんを見ていると、全然オトタチバナヒメの精神がないように感じますね。

中山　今の時代、そのような精神を期待できる家庭はほんとうに少ないのではないでしょうか。「ヤマトナデシコ」という言葉も死語になりつつありますしね。

渡部　私が見たドラマでは、りっぱな家に住んで子供を育てたことを自分の生き甲斐だと感じず、仕事がしたいからといって離婚を迫る。離婚なんかしなくても勤めればいいんです。ああいうものを見るたびに、おかしな女性がいるものだと思ってしまいます。

中山　主婦になることで、自分の人生が家族の犠牲になったと考えるのでしょうか。

渡部　そうだとしたら、男だって犠牲になっています。

中山　やはり、外で働く仕事だけが価値があるという考え方でしょうか。

渡部　それはある意味では、形に表れた収入になることしか仕事とみなさない、卑しい精神なんです。お金にならない貴重な仕事があるということを考えないといけないと思います。

中山　戦後の日本社会が抱えるいちばん大きな問題も、経済中心主義、あるいは拝金主義にその元凶があるのではないでしょうか。経済発展のみが日本の目指すべき進路であり、人々を幸せにする施策だという間違った考え方が、いろいろな問題を引き起こしているように思えます。最近、日本全体に一種の閉塞感が漂っているのも、経済成長だけを幸福の指標にしてきたつけが回ってきたのでしょう。今では経済的豊かさや福祉に反対する政党はないので、政党間の違いがぼやけてしまっているのですね。確固とした精神的なバックボーンをなくしているので、政党の政党たる所以《ゆえん》が分からない。自民党の中にも社民党みたいな議員がいるし、民主党の中にもかつての自民党のような議員がいる。経済以外に、守るべき価値は何かという視点が見えてこないから、開示すべきわが国の進路も見えてこないのではないかと思えてしまいます。

渡部　一九六〇年に、安保問題がありました。これは忘れられつつあることなんでしょうが、その騒ぎはほんとうにすごかったんです。

そのとき、私はさきのサンフランシスコ講和条約[8]の際に吉田《よしだ》茂《しげる》が取り結んだ安保条約に対して、岸信介《きしのぶすけ》がやろうとした新安保条約はものすごく進歩していると思いました。それだけ日本の立場を主張しているわけです。岸さんは戦前の人ですから、がんばったんです。

しかし、デモ隊に囲まれてみんな恐くなって逃げてしまい、結局あのときは首相官邸に二人しか残らなかった。岸信介と佐藤栄作です。もちろん、警視総監などは「危ないからどこかに逃げてください」と言ったのですが、岸は「首相が逃げてほかのところで死ねるか。俺が死ぬなら官邸で死ぬ」と言ってがんばったんです。それで結局、安保条約の改定は通り、今日まで岸さんの改定安保の枠組み

（8）第二次大戦後の終結と国交回復について、日本と連合国との間に結ばれた条約。昭和二十六（一九五一）年九月サンフランシスコにて調印、翌年四月発効、占領が終結した。この講和条約第十一条に「日本政府は極東軍事裁判（東京裁判）の諸判決（judgments）を受諾し、実行する（carry out）」とある。東京裁判で無期、有期の刑を受け、服役している人たちの刑の執行を、条約締結後は日本が責任を持って受け継ぐとするもの。しかし、この第十一条には「関係諸国と話し合い同意を得たら、刑期を短縮できる」という一文があり、日本はそれに基づいて、関係各国の了承と国民の請願（四千万人の署名）を得て、二十八（一九五三）年、戦争犯罪による受刑者の赦免に関する国会決議を行った。

のまま来ているわけです。

ところが、あのデモでみんなショックを受けたのか、そのあとの池田内閣になると、経済のことしか言わなくなりました。デモの連中も憑《つ》き物《もの》が取れたみたいにすーっと静かにはなったのですが、岸体制があのまま二十年も続けば、日本の政治に筋が通ったと思います。しかし、あとの池田さんは「月給二倍論」ということしか言わなくなった。

中山 所得倍増計画ですね。

歴史を正しく知るには多角的に見ることが必要

渡部 岸内閣が一番にやろうとしたのは、安保改定、憲法改正など、皆、基本的なことなんです。しかしその後は、給料の話ばかりになってしまいました。

さらに悪いことには、中曽根首相あたりになると、日本は「サンフランシスコ講和条約を締結」して国際社会に復帰したという一番の根幹がいつの間にかずれてしまって、日本は「東京裁判を受諾」して国際社会に復帰した、となってしまった。つまり、「日本は侵略戦争をした」という東京裁判を認めたことになります。あとは外交も何もめちゃくちゃです。筋がない。シナや韓国にぺこぺこして、首相が靖国神社に行けなくなる。その人たちの考えによれば、東京裁判は有罪のままですから。「東京裁判を受諾」というのは外務省の誤訳からきたことで、正しくは「東京裁判の諸判決を受諾」してとなります。日本は、東京裁判を認めたわけでも、侵略戦争をしたと認めたわけでもないのです。普通、講和条約というのは、それまでの状態を清算するものです。ですから、東京裁判のことを全部パーにしたというのが、サンフランシスコ講和条約なんです。それを認めないようなことが平気でやれるようになってしまったのは大きな問題です。これについては、ぜひ正しい歴史を皆さんに学んでほしいと思っています。

中山　そもそも戦争犯罪を裁くことを建前とする東京裁判と、交戦国間の合意によって戦争状態に終止符を打つための講和条約とをごちゃごちゃにしているところが問題で、両者は全く性格の違うものですね。どうして講和条約を結ぶかというと、交戦中の違法行為を大赦し、戦時中に効力を停止していた条約の効力を回復させ、捕虜を解放するためです。したがって講和条約成立後は、東京裁判の判決理由による束縛は何も受けないというのが、国際法の常識ではないでしょうか。

史料が浮き彫りにする歴史の真実

中山　正しい歴史を学ぶには、歴史を多角的に見ることも必要ですね。今は第二次世界大戦における日本軍の行動だけを目の敵にして、「過去の清算」を声高に叫ぶ人がいますが、そのような人は、名越健郎《なごしけんろう》著『クレムリン秘密文書は語る』（中公新書）のような本を一読してみるべきでしょう。ロシア政府が一九九二年から一九九三年の春までの民主改革時代に公開した文書を中心に、日本共産党と日本社会党がソ連から資金援助を受けていたという疑惑に光が当てられています。現在でも「村山談話」は日本の言論や外交的立場を拘束していますが、その談話のご本人が所属していた社会党こそ、一九六〇年から一九八〇年にかけて、旧ソ連共産党と蜜月の関係を維持し、ソ連寄りの外交を進めていた張本人であるわけです。その背後には、公開されたソ連共産党の秘密文書が明らかにしているように、社会党が裏舞台でソ連に資金援助を要請していた疑惑が渦巻いています。村山内閣の官房長官で社会党左派出身の五十嵐広三氏もソ連秘密文書に名前があがっているそうです。この旧ソ連との癒着の構造に対する説明責任を果たさなかった元党首の談話など、どれほどの価値があるでしょうか。日本の歴史認識をどうこう言う前に、まずご自分の党の「過去の清算」をすべきでしょう。ロシアの国立中央公文書館だけで二億枚にのぼる文書のファイルがあり、まだまだ門外不出の文書も残っているようですので、これからもっと情報公開が進むといいのですが。ともあれ、史料はどのようなイデオロギー的な言説よりも説得力がありますね。

渡部　史料を見ていておもしろいと思うのは、たとえば小牧が原の戦いで、家康は秀吉に勝ったことになっているじゃないですか。ところが、人質を出しているのは家康のほうなんです。次男の於義丸《おぎまる》、家老の石川数正《いしかわかずまさ》の子供を人質に出して講和条約を結んでいる。だから、当時の武士の常識から言えば、家康の負けなんです。

もっとおもしろいのは秀吉の朝鮮出兵のときの話です。これは李舜臣《イスンシン》という韓国の海賊が、日本軍に勝ちまくったというような話になっていますよね。しかし、日本軍はいつでも釜山に船で兵を送ることができたじゃないですか。それに、そのときの日本の水軍は何かというと、貨物輸送隊なんです。司令官がいない状態だったんです。で、水軍の大名同士でけんかしているんです。司令官がいないがために、もう少し相手が来たらやるぞとか、もう行くぞというふうに戦略的にはバラバラの状態だったのです。それが第一次朝鮮出兵のときです。

その後、第二次朝鮮出兵を行いますが、秀吉が途中で死んでしまう。そのため、日本は各地で講和条約を結んで引き上げることにしたのですが、朝鮮側はそれを守らず、明の水軍と一緒になって、引き上げようとする日本人を襲ったんです。島津家の水軍はずいぶん被害を受けたといいます。しかし、向こうの史料を見ると、明と朝鮮の連合軍は島津家の船団とぶつかって、李舜臣は射殺され、明の旗艦は島津の武士に乗り込まれ、二人の大将は斬り殺されたうえに焼かれているんです。ところが、日本のほうはというと、有名な人は誰も殺されることなく、完全に引き上げているんです。結局、韓国からすれば自分のところの被害が分からないままに話しているから、「韓国の海賊が日本軍に勝ちまくった」ということになっているわけなんですよ。

シナや韓国というのは、歴史の真実には関心がない。歴史の事実に関心があるのは、西洋人と日本人だけといえますね。

中山　そうですね。中国の場合、中華思想に基づく「正史」づくりの伝統があり、前王朝の正史を編纂する際には、都合の悪いところを排除し、現王朝の正当性の証明に役立つものだけを利用するところがあります。中国共産党政権の正当性を強化しようとすれば、国民党時代を否定し、抗日戦争史においても日本の罪状が大きければ大きいほど都合がいいわけで、愛国主義教育もそのような正史観に基づきます。韓国も大韓民国の正当性を強調するには、植民地時代の日本をすべて否定するというスタンスを取るわけです。両国の場合は、「正史」というように、歴史編纂に文化力を集中させ、それを国家的事業として位置づけています。そのように編纂された歴史は、公的な規範として機能します。一方、西洋では、キリスト教の聖書解釈やローマ法解釈に文化力を集中させてきました。キリスト教には、神の救済史という絶対的な歴史があります。それに比べると、人間の歴史は学問的な認識の対象でしかありません。西洋の歴史学の影響を受けた日本は、西洋と同じように歴史を科学的・学問的に扱うことができるのです。したがって日本が歴史問題で中国や韓国に対処するには、政治的な配慮などせず、徹底的な史料批判を通して、客観的な事実を積み上げていくという実証主義的なアプローチしかないと思われますね。相手側の政治的圧力に屈して妥協するようなことをやっていては、いつまでたっても歴史の真実には到達できないでしょう。

現地の歴史を学べば、旅の楽しみも倍増する

中山　ここで本来のテーマに戻って、読書の効用について語り合いたいと思います。読者の方々の中には、読書が必要なことは分かるけれど、「忙しくて暇がない」とか、「分かっちゃいるけど、読書をする気が起こらない」とかおっしゃる方もいると思います。問題は読書を始めるきっかけだと思うんですね。旅行の機会などを利用すると、それまであまり読書経験がない人でも、俄然読書が楽しくなると思います。たとえば、海外旅行へ行く場合、機内では備え付けのビデオを見るか、食事をするか、睡眠をとる以外にこれといった娯楽がありませんが、読書を

する時間は十分に取れます。読書で現地の歴史や文化の情報を仕入れていけば、旅の楽しみも倍増するというものです。

渡部　そういえば、先生も以前おっしゃっていましたね。単なる旅行ではつまらない。知的な活動とのコンビネーションでなければならない、と。

中山　そうですね。私は自分が興味を持ったところじゃないと行きませんが……。

渡部　具体的にはどちらへ？

中山　ヨーロッパですね。アメリカにも少し興味があります。

渡部　先生は本で読んだ話を旅先で思い出されて、なるほどと思われた体験はお持ちですか。

中山　最初にイギリスに行ったときは、「これがイギリスかあ」と思いましたよ。イメージと違ってびっくりしましたね。たとえば、オックスフォードに行って、テムズ川を対岸まで泳いだことがあります。意外に川幅が狭くて、あっという間に対岸についちゃった。オックスフォードという地名は「牛を渡すための浅瀬」という意味なんです。結局、テムズ川の深いところは、牛を歩いて渡せないじゃないですか。橋をかけなくても牛を渡せるような、最も狭く、しかも浅いところがオックスフォードだったんです。そんなことを含めて、イメージと違ってびっくりしたのはいろいろありましたよ。

夏の暑いとき、オックスフォード中央図書館――学生たちはカメラと呼んでいたと記憶します――の天井が高くて涼しかったことを覚えています。また、ボートレアン図書館の中のハンフリー図書室に入る前に、煙草を吸わないとか、数か条の宣誓をさせられましたね。さすがオックスフォードで、大学者の風体をした人たちが古い革表紙の本を調べているのが、若かった私には刺激的な光景に映りました。私はそんなところでブスベック（一五二二〜一五九二）の珍しい記録を読んでいました。ブスベックは神聖ローマ帝国の大使としてコンスタンチノープルに派遣されたとき、方々を旅行し、クルミア半島の一部で、すでに死語となっていると思われたゴート語が話されていることを発見し、それを報告しているのです。

中山 中山先生は読書との関係で思い出になった旅行はありますか。

麗澤大学で勤続三十年の表彰を受けた記念に、家内と海外旅行をすることになったのですが、ここはひとつ「内助の功」に対して感謝の気持ちを表そうと、家内の行きたいところに連れて行くことにしたのです。私としてはハワイかグアムのヤシの木陰でのんびりと読書でもと思っていたのですが、家内は「済州島《さいしゅうとう》に行きたい」と言い出しました。どうやら韓流ドラマのロケ地が見たいらしいのですね。「私、イ・ビョンホンのファンなの」とか言われても、全くピンとこないので、「そのイなんとかいうのは、僕に似た俳優か」と言うと、「行けば分かります」と言うばかり。「韓流ドラマか……」とは思いましたが、「相手の大切にするものを大切にすることが人間尊重」とふだんから言っている手前、行き先を済州島に決定しました。対馬や五島列島から約一五〇キロ離れたところにある、韓国最大の島です。

しかし、どうせ行くなら、済州島の歴史や文化遺産を調べてみようと思い立ちました。私はもともと神話に興味があったので、済州島の建国神話に注目したのです。そうしたら現地には三姓穴《さんせいけつ》遺跡というのがあって、それが耽羅《たんら》神話という一種の建国神話と結びついていることが分かったのですね。耽羅という国は実在したらしく、斉明天皇の時代の六六一年、耽羅王国の王子アワキが日本に朝貢しています。

その建国神話によると、急に地面が隆起したあとに、穴が開き、その中からコウルナ（高乙那）、プウルナ（夫乙那）、ヤンウルナ（良乙那）という名前の三人の男性神が現れたとあります。それが高・夫・良（梁）という姓のもとになっているということで、三姓穴遺跡と言うそうです。

三人は漁をしたり木の実を採ったりと、原始的な採集生活をしていましたが、男だけのわびしい生活でした。そんなある日、東の浜辺に紫の泥で封印をした大きな木箱が流れ着くのです。その中から、紫（高貴の印）の衣を着て紅の帯を締めた使者の老人と三人の女神が、家畜や五穀の種を持って現れます。老人は「私は日本国の使いで、三人の男の神が配偶者がいなくて困っていると聞いたので、三人のお嫁さんを連れてきた」と言うのですね。三人はたいそう喜び、田畑をつくり、さまざまな穀物や家畜を育て、子供を産み増やして耽羅国を栄えさせたといいます。

この耽羅神話で特に興味深いのは、高貴な老人が日本国の使いだという点です。この物語は、朝鮮の歴史書『高麗史』（一四五一年、一三九巻）にもありますし、朝鮮の地理書『新増東国輿地勝覧《とうごくよちしょうらん》』（一四九一年）にもその該当箇所がそのまま引用して収載されています。『高麗史』は、朝鮮王朝（一三九二〜一九一〇）に入って前代の高麗王朝の歴史を記した正史であり、国家によって公式に編纂されたという意味では、日本の『古事記』や『日本書紀』にも相当するお墨付きの歴史書です。そこには「我是日本国使也」とはっきり書いてあります。

ところが、現地の遺跡の案内板を見ますと、驚いたことに、「日本国」とは書かずに「碧浪国《へきろうこく》」と書いてあるのです。朝鮮王朝の正史に「日本国」と明記してあっても、その史実をそのまま公表できない韓国の歴史事情があるようですね。

日本に帰ってから「東海上碧浪国の使者」の出典をインターネットで調べましたら、典拠として作者不明・年代不明の『瀛洲誌《えいしゅうし》』がヒットしましたが、どうして正史によらないのか不明なままです。

渡部

新羅は日本に対して朝貢していた

評論家の呉善花《オソンファ》さんは済州島の出身ですが、あそこの言い伝えでは、高貴な人はやはり東のほうから来たとされているそうですね。考えてみると、済州島には海女さんがいて、海に潜って貝をとっているじゃないですか。大陸から来た騎馬民族がそんなことをやるわけがありません。

中山　やはり騎馬民族説には無理があるようですね。

渡部　それと『日本書紀』を見ますと、「時に中國に事《つか》へまつらず」と書いてあるんです。これは、新羅がシナに貢物をしなかったという意味ではありません。さきほども話したとおり、「中國」とは「自分にとっていちばん大切な国」という意味ですから、この場合は日本のことを指します。

それで、新羅はシナに貢物をするとともに日本にも貢物をしていましたが、この年は日本に持ってこなかったと言っているわけです。つまり、新羅は当時、日本に対して朝貢国だったのです。日本の下風に立っていたということです。

中山　朝鮮史については、私は専門家ではありませんので、日本で入手できる翻訳書を拾い読みした程度の知識しかありませんが、文献を読むと、現在、韓国で定説のように言われている日韓史とは少々異なるような記述に遭遇します。たとえば金富軾著・金思燁訳『三国史記（上）』（六興出版）には、紀元五七年に新羅の王になった脱解《トヘ》王は「多婆那《たばな》国の出身で、その国は倭国の東北一千里のところにある」とありますので、列島からやってきた倭人が新羅を支配する王になったことが分かります。もっとも王が「女国」の王女を娶ると、王女は「妊娠してから七年目に卵を生んだ」とありますので、少々馬鹿らしくなりますが、「倭国と友好関係を結び互いに修交を交わした」と書かれていますから、両国間でいろいろな交流があったのでしょう。それともう一つ、『隋書』倭国伝（岩波文庫）には、「新羅・百済は、みな倭を大国で珍物が多い国とし、ともにこれを敬仰し、つねに通使・往来する」という一節があります。先生のおっしゃったように、新羅も百済も日本を大国と見ていて、優れた品々が多いので、両国とも日本を尊敬し、常に使節が往来していると記されているのです。また遺跡の発掘でも、韓国で前方後円墳が発見されましたが、向こうは五世紀から六世紀のものですよね。日本で最古のものは三世紀です。そうすると、日本から向こうに伝わったか、現地へ渡った倭人がつくったと考えるほうが自然ではないでしょうか。だから、当時は日本と朝鮮半島の間には、文化交流圏のようなものがあったわけで、文化交流の流れは韓国から日本へという一方的なものでは決してなかったと想像しています。

渡部　事実はそうなのですが、実際は、大仏などは、みんな韓国の人がつくったんだと言って、韓国の人が来て、韓国のお金をお賽銭として入れていくわけです。韓国にも大仏はあるのですが、それは磨崖仏《まがいぶつ》（崖に彫った仏像）です。金銅仏で一番大きいもので四、五十センチくらい。もし、彼らの言うとおり韓国人がつくったとするならば、優秀な職人はみんな日本に来たことになってしまいます。

中山　ただ、日本は政治的にそういう反論をできないですね。

渡部　そうです。ただし、日本の島を見回すと、初めから島国ですよ。『古事記』でもなんでも見ればそういうことが分かります。

問い直したい加藤清正の評価

中山　韓国の名所旧跡は、ときどき現地のガイドさんが案内してくれることがあります。ガイドさんの話が韓国の文化財に及ぶときは、必ずと言っていいほど、朝鮮出兵（韓国では「壬辰倭乱」という）の際にそれらを破壊した二大悪人として豊臣秀吉と加藤清正の名が出てきます。

ところが、歴史には必ず光と闇とがあるもので、たとえば加藤清正がすべての韓国人にとって悪人だったかというと、決してそうではないのですね。『本妙寺歴史資料調査報告書』（熊本県立美術館）の「古文書編」に、「朝鮮国王子等連署書状」が収載されています。これは文禄の役の一五九二年、清正が今の北朝鮮の会寧まで攻めのぼって、朝鮮の王子二人を捕虜にしたのですが、翌年、講和談判が開かれることになったので、秀吉の命により、王子たちを釜山から首都の漢城まで護衛をつけて送り返しました。両王子は清正の下に一年ほどとどめられたのですが、この間、清正は、厚く二人を保護し、礼遇しているのです。そこで帰還に際し王子たちが送った感謝状が「朝鮮国王子等連署書状」で、両王子、同妃、陪従の臣下などの連名です。中に何が書いてあるかというと、清正を「その慈悲は仏のようであった」（其慈悲如佛）と絶賛しています。また、このような慈愛に満ちた捕虜待遇をする日本と清正に対し、「少しでも背くものあらば、これ人情にあらず、天地の神々これを知らん」（少有背負之意、非人情也、天地鬼神共知之矣）とまで書いているのです。

実は、この史料を所蔵する熊本・本妙寺の第三代日遙上人も、もとは朝鮮人でした。清正が一五九三年に、朝鮮の晋州城を攻略したとき、迷子を日本に連れ帰り、僧侶にしたのです。上人は清正が亡くなったあと、三回忌に法華経八巻、六万九千余の文字を石に刻み、それ以降、徹夜でその全文字を写経し、清正の菩提を弔ったといいますから、いかに深く清正を慕い、尊敬していたかが分かります。

さきほどの「朝鮮国王子等連署書状」には、武士としての清正について「關白殿下雄桀無比」と書いてありますから、国政紊乱《びんらん》の李氏朝鮮に比べ、日本軍は才知に長《た》けて勇ましく、結局、その武士道精神に敬服するところがあったのではないでしょうか。

渡部　朝鮮の兵は軍隊の体をなしていなかったんですね。少しでもまともな軍がいたら、加藤清正があんな北を通って満洲の境まで進めるわけがないんです。しかも、だいたい民衆は日本を歓迎しています。それだけ悪い政府だったんですよ。それから漢城、今のソウルに行ったら、攻撃する前にソウルが皆、燃えるんです。ソウルの下層民たちが、「自分たちの身分を縛っているのは、何か書いてあるもの

中山　だろう」と、書物をみんな燃やしたのです。日本軍は漢城が燃えるのを見てから、川を渡って入城しています(9)。

柳成竜の書いた『懲毖録《ちょうひろく》』を読めば、文禄・慶長の役のときに、いかに朝鮮側の軍隊が国を守るという意識に疎く、不甲斐のない戦略しか立てられなかったかが記録されています。その序文の冒頭から「ああ、壬辰《じんしん》の戦禍の惨たることよ！［わずか］旬日の間に、三都は守りを失い、八方は瓦解し、国王は乱を避けて落ちのびられた」と嘆いています。文中の三都とはソウル、開城、平壌のことで、八方とは八道、朝鮮全土を指しますから、破竹の勢いで進軍する日本軍に太刀打ちできなかったと言っているわけです。その背後には『宣祖実録』（二十五年五月壬戌条）に「人心怨叛し、倭と同心」とあるように、朝鮮の民衆が率先して日本軍

（9）一五九二年、日本軍（小西行長軍、加藤清正軍）が首都である漢城に近づくと、宣祖王や高級官僚たちが民を捨てて逃げ出した。国王が漢城から逃亡すると、治安が乱れ、見捨てられた下層民たちは略奪や放火を行い、景福宮や昌慶宮、付属する庭園（秘苑）を焼き払った。このとき、過酷な差別を受けていた下層民たちが、掌隷院に残されていた奴婢の身分を示す台帳を燃やしたといわれている。

を嚮導《きょうどう》したという社会的要因もありました。ソウルの観光案内板には景福宮や昌慶宮などが「壬辰の乱」で焼失したとありますが、李廷馥の『四留斎集』や李恒福の『白沙集』などによると、実際に火をつけたのは日本軍ではなく朝鮮の民衆だったということです。まさに「史料は語る」です。

若いときの読書が日本人としての誇りと不屈の精神を養う

渡部　話が変わりますが、先の戦争ではたくさんの若人が亡くなりました。しかも敗戦になったものですから実に痛ましいことだったのですが、私はあれだけ国のために命をかける人たちをつくった戦前の教育というのは、すばらしかったと思います。ただ、作戦を間違えたり、もう少しうまくやれたはずなのにやらなかったということはあると思いますけれども。

戦争で国のために死んでいった兵士たちのすばらしさというのは、私はこれは世界に誇るべきだと思うのです。彼らが誇るべき人間になれたのは、彼らが子供のころにまともな本を読んだからだと思います。

オトタチバナヒメの話も、子供のときに読んで感激しない少女はあまりいません。そのとき感激すれば、自分の亭主のためにいざというときには身を捨てようという気になるかもしれません。捨てないまでも、そういう気持ちは少し残るでしょう。

中山　フランス語で「ノーブレス・オブリージュ」(noblesse oblige)、英語で「ノーブル・オブリゲーション」(noble obligation) という言葉があります。日本語では「貴族の義務」とか「高貴なる義務」とか訳されており、一般的に財産、権力、地位、名誉などを保持するには、それなりの義務や責任が伴うことを意味します。高貴な身分の人は、地位が高くなればなるほど、それに応じてモラルも高くなければならないという考えです。

国を守るのは、まず平民よりも社会的に地位の高い貴族の義務です。イギリスで第一次世界大戦のとき、貴族の子弟に戦死者が多かったのは、貴族が率先して従軍の義務を負うために志願したからであり、アルゼンチンとのフォークランド紛争のときも、アンドルー王子などの王族が従軍しています。これは日本でいえば、李登輝《りとうき》さんがその著書『「武士道」解題』の副題に「ノーブレス・オブリージュ」とつけているように、武士道であることは明らかでしょう。そのようにして国のために命を捧げた人を顕彰しない国はどこにもありません。靖国問題で騒いでいるのは日本くらいのものではないでしょうか。

渡部 顕彰させまいとする勢力があるんです。左翼勢力と、それに連携したコリア・チャイニーズの反日運動勢力です。でも、屈してはいけないと思います。

私は若いとき、楠木正成《くすのきまさしげ》(10)が多聞丸《たもんまる》といったころの話を読みました。寺に大きな鐘があり、みんながそれを押しても動かないんです。すると、正成が「動かしてみせる」と言って指で押しました。ゆっくりゆっくりと押しているうちに、鐘がだんだん揺れてきたというんです。初めワーッと力を出して押しても大きな鐘は動かないけれども、地道に、ねばり強く押していると動き出したという話です。

楠木正成は、最後には千早城に立てこもります。すると、そこに数万の大軍が押し寄せてくるのですが、結局落ちないのです。山の中にいますから、何万人いても一挙に攻めるわけにはいきません。少しずつしか攻められないので、なかなか落とせないのです。そうするうちに、ふと気がついてみたら北条幕府（鎌倉幕府）がひっくり返っていたという話があります。妙なたとえ話かもしれませんが、私は左翼万能の時代の言論人の一人として、千早城の旗が落ちないかぎりは相手がひっくり返るぞ、という信念でやるべきだと思っています。

私は、理由もなく朝日新聞から批判されたことがあります。あとで新聞社内部では誤報だと認めましたが、対外的には訂正されませんでした。大新聞社からそんなものを出されると、反発のしようもないですから自殺する人だって出かねません。今みたいにインターネットもありませんから、対抗手段がないのです。このとき、私は徹底的に反撃しました。

また、被差別部落関係の組織にも押しかけられたことがありました。一時はすべての授業時間に押しかけられましたが、そのときも子供のときに読んだ本が私を支えてくれました。「そんなものはいくら来ても、こちらが落ちなければ向こ

---

(10) 永仁二？～延元元／建武三（一二九四？～一三三六）年。鎌倉時代末期から南北朝時代にかけての武将。元弘元（一三三一）年、後醍醐天皇に応じて挙兵、千早城にこもり鎌倉幕府の大軍と戦い、建武政権下で河内の国司と守護を兼ね、和泉の守護ともなった。のちに湊川の戦いで足利尊氏の軍に破れて自害した。

うが倒れる」という信念を持てたのです。

ちょうどそのころ、ある大学に非常に優秀な先生がおられたのですが、その方もちょっとした言葉尻をとらえられて組織に押しかけられ、結果的に謝ったのですが、その先生はそれっきり消えてしまいました。

だから、男というのはやはり楠木正成の精神で、こっちが倒れなければ向こうが倒れるという精神が必要だし、ほんとうに倒れるときには、「今やこれまで」という湊川《みなとがわ》精神も必要だと思うのです。

中山　その精神ですね。

渡部　『論語』に「一を以て之を貫く（一以貫之）」とありますが、その精神は、おそらく年を取ってからでは持てないんでしょうね。物心がついたところに感じ取るべきことなのだと思います。

中山　やはり子供のときに持つ原体験のような精神なのでしょうね。

渡部　皇后陛下の結婚されてからのご苦労を考えると、それを支えてきたのは若いころの読書だというのがよく分かります。それは精神の教育もあったかもしれないけれども、オトタチバナヒメの話などは目に見えない大きな影響を与えていると思いますよ。

第五章

自己を高める読書のすすめ

子供にとって暗記は楽しいこと

中山　さきほど、皇后陛下が子供のころに日本の神話・伝説をお読みになったということを申しました。そのあとで読まれたのは、新潮社の「日本名作選」一冊と「世界名作選」二冊。三冊とも「日本少国民文庫」というシリーズにあったものだそうです。これを読んで、非常に感銘を受けたということでした。こうしてみると、子供のころにどういう本を読むのかというのは非常に重要だと思います。

渡部　たとえば、佐久間艇長の話も収載している講談社の「修養全集」、これはさまざまな逸話を集めた十二巻セットの出版物で、ソクラテス、プラトンから、釈迦、キリスト、孔子、マホメットも出てくれば、東郷平八郎元帥や乃木希典大将も出てきます。大雑把にテーマ分けをしていますが、何派という一定の方向性がないのが特徴ですね。ああいうものは、今はないですよね。

戦後、リプリントされましたが、十巻までしか出ないんです。十一巻は『処世常識宝典』、十二巻は、さきほど中山先生がおっしゃった『日本の誇』という、ほんとうに日本的なところなのですが、これは古本屋で買わないと手に入りません。十巻までも、神道も仏教もキリスト教もあって、みんないい話ばかりです。

中山　ところが残念ながら、今は広く読まれていないようです。

渡部　できたら現代文にして再版したいですよね。

中山　子供のときに読んだ話というのは、大きくなってから支えになるんです。やはり子供のころの読書経験は重要です。子供の心の中に一生残るのではないでしょうか。うちにも子供が二人いるのですが、小学校に上がるまで、家内が毎晩本を読み聞かせていました。手料理による「食育」と物語の朗読が、私どもの幼児教育の柱でしたね。

渡部　私が子供のころ、「少年倶楽部」と「幼年倶楽部」に日本の教育に関する話が載っていて、付録としてそれに関係する十人くらいの人たちの絵がついてきました。うちの父親は、私のためにそれを壁に貼ってくれたんです。ですから、私はその絵にあった中江藤樹《なかえとうじゅ》のお母さんの話も覚えていますし、楠木正成の「桜井の別れ」なども覚えています。子供のときに見聞きした話は意外に記憶に残っているんですね。

私は人間が物事を暗記しているということは、それを思い出していないときでも、その暗記していることが脳に働きかけているはずだと思うんです。覚えていること自体がね。たとえば、「旅順開城約成りて……」という歌は知っていますよね。いつも覚えているわけではないけれども、何かにつけてあのころの騎士道精神が目に浮かぶわけです。だけど、もし歌詞を忘れていたら、そういうイメージが湧くチャンスもないはずです。

だから、私は暗記というものは、読書を補う意味で非常に重要だと思います。名文句を暗記することはいいですね。

中山 恩師のミルワード先生はシェイクスピアの専門家で、作品の中の名文句を暗記されていると言いましたが、先生がどのようにしてシェイクスピアと出会って、先生の中でシェイクスピアがどう進化していったのか、非常に興味がありました。そんなとき、先生のご著書『シェイクスピアと日本人』(講談社学術文庫、今は絶版)を翻訳させていただいたら、先生の子供のころの思い出がつづってあったんです。八歳のころ、ちょうど日本の子供が学校で「赤とんぼ」や「浜辺の歌」を習うように、シェイクスピアの戯曲から選曲した歌をいくつか教わったそうです。音楽はシェイクスピアの真骨頂なので、このような教育法は実に的を射ています。

そして十一歳から学校の「国語」（英語）の授業で、『マクベス』『ロミオとジュリエット』『ハムレット』『お気に召すまま』などの作品を習ったらしいです。学習方法は、生徒一人ひとりにそれぞれの登場人物の台詞を割り当てて、教室で音読させ、正しい発音とイントネーションを叩き込む。そして毎回、それぞれの戯曲の名台詞、時には特定の場面を丸暗記させたというのです。当時は四苦八苦したけれども、今は楽しい思い出であり、それが国語の一部となり、イギリス人の心と生活の中に入り込んでいくと書いてありました。だから、カルタでも『万葉集』でも、音読を中心にして子供に暗記させるというのは、有効な学習法かもしれません。

渡部　子供は暗記するのが楽しいんです。内容が難しくても子供は暗記しますから。幸い、日本には百人一首なんかもあるのですから。ただ、小倉百人一首だけだとどうでしょうか。それだけでもいいけれども、「菊と刀」を日本文化の二つの象徴とすれば、あれは「菊」の文化です。「刀」の文化は入っていません。

だから、小倉百人一首と愛国百人一首と両方をやればいい。たとえば、「千万の軍《いくさ》なりとも　言挙げせず　とりて来ぬべき　をのことぞ思ふ」とか、「おのこやも　むなしかるべき　よろづよに　語りつぐべき　名は立てずして」とかね。いいですよ。「山はさけ　海はあせなむ　世なりとも　君にふた心　わがあらめやも」とか。両方をやらないと日本の伝統にならないのです。

日本には、文武両方の極端な文化があります。武のかけらもない女のにおいばっかりのような超平和的な平安朝文化もあるし、そうかと思うと鎌倉文化というすごい武士の文化もあります。幸い両方あるんです。韓国は残念ながら武官というのはほとんど卑しめられて、宦官《かんがん》の文官だけになっていましたけどね。

西洋の古典の語源は「艦隊」

渡部　中山先生は、お勧めの本としてどんなものを挙げられますか。

中山　まず、古典ですね。できれば、難解でも原文にあたるとよいと思います。全部読破するのが大変なら、現代文で読んでおいて、心に訴えかける部分だけ、原文で該当箇所をチェックしてみてはどうでしょう。今では『四書五経』のようなものでも、原文、現代書き下し文、詳しい解説という三部構成で、読みやすく工夫されたものが出ています。日本文学では、『平家物語』や『徒然草』なども、個人的にはおもしろいと思います。それに『万葉集』『古事記』『日本書紀』『源氏物語』などは、日本人の必読書ではないでしょうか。やはりこうした古典は、歴史の風雪に耐え今に残っているものですから、それだけ意味があるわけです。

私は言語学者ではありませんが、西洋でいう「古典」の意味について、何かで読んだ記憶があります。語源は「クラッシス」、すなわち「艦隊」だというんですね。古代ローマの富裕層は、国家の存亡の危機のときに艦隊を寄付した。当時、軍艦などは寄付で建造していたらしいのですが、国家存亡のときに軍艦を寄付できるような富裕層の人を「クラッシス」と呼んだ。一方、貧しい人を「プロレタリース」という。「プロレ」というのは「子供」だそうですが、子供を差し出すという意味だったそうです。軍艦を寄付できない人々は、国家のために自分の子供を差し出すわけです。それがプロレタリアートの語源だとか。だから、国家存亡のときに何をなすべきか的確な判断ができる人、そういうのが古典の語源だと。

渡部　その点は昔のシナの四書五経を勉強したクラスと似ているんじゃないですか。字が読める人は一つまみでしたからね。儒教国では九〇パーセント近くは文盲だったんです。

中山　だから、古典を学ぶということは的確なときに的確な判断ができる、そのような意味合いが含まれているものかなと思っているんですけどね。

古典が大変なら、一歩手前の準古典を

渡部　古典を読むのが大変なら、古典の一歩手前というのもいいんですよ。たとえばアレキシス・カレル(1)の『人間――この未知なるもの』は戦前、桜沢如一《さくらざわゆきかず》さんが訳本を出され、私も昭和五十五（一九八〇）年に訳して上梓していますが、古典と言えるかなあ、というあたりのものです。これは古典的とは言えるけれども、今読んでも全然古くなっていません。初版から四年後の版に、新しい序文がつくん

です。そこには次のようなことが書かれています。「本書は古くなるにつれてますます時宜を得たものになるという逆説的運命を持っている」と。「自分の言ったようになったでしょう」と言っているんです。

それから、日本の歴史などでも、通史で読みたかったらいろいろありますが、準古典的なものでいえば、頼山陽《らいさんよう》の『日本外史』とか『日本政記』などがあります。『日本外史』は講談みたいで、おもしろいです。

私が非常に印象的に思ったのは、『日本外史』の最後の行です。ここには十二代将軍家慶《いえよし》のことが触れられています。「（第十一代将軍・家斉の）世子家慶を以て、従一位・内大臣に進めらる。（中略）源氏・足利氏以来、軍職に在って太政の官

（1）一八七三〜一九四四。フランスの外科医、生物学者。一九〇二年、巡礼団の付き添い医師として、フランスの聖地ルルドに向かったとき、重症の結核性腹膜炎の少女が聖水を浴び、症状が急速に回復する「説明できぬ快癒」を目の当たりにする。この「ルルドの奇跡」の事例をリヨンの医学会で発表するが、医師仲間からは非科学的と非難される。このため一九〇四年にフランスを離れ、渡米。ロックフェラー医学研究所に招かれ、次々と業績を挙げ、一九一二年にノーベル賞を受賞する。一九三五年に『人間――この未知なるもの』を出版し、ベストセラーとなる。

を兼ぬる者は独り公のみ。蓋し武門の天下を平治すること、ここに至ってその盛を極むと云ふ」と書いてある。これを読んだ幕末の志士たちは、「武門の盛を極む」ということは、朝廷の地位が落ちたということだと言って憤慨したわけです。

頼山陽自身は幕府の時代に書いていますから、幕府の悪口は一切書かない。褒めているけれども、志士たちをものすごく憤慨させるように書いています。堂々と平家のおこりから書いていて、最後の十二代将軍家慶のところで、「武門の栄は極点に立つ」という趣旨で終わっている。ところがこれは「極点だから、あとは落ちるだけ」という意味なんです。そういうようなことで頼山陽は非常に立て方がうまいんです。

あれは漢文ですが、書き下し文で読むといいんですね。だからある意味で、私は漢文自体は読めなくても、書き下し文に慣らすような教育が必要になるのではないかと思います。返り点で読めというのはなかなか難しい話ですからね。

中山　頼山陽が歴史家でありながらも「東洋の一大詩人」とも言われる所以ですね。

私の場合は明治時代のものですが、かつて英文講読の授業を担当していたとき、前にもふれた英文の新渡戸稲造《にとべいなぞう》の『武士道』と岡倉天心《おかくらてんしん》の『茶の本』の一部を教材として使ったことがありました。

渡部　いいですね。準古典で。

中山　『茶の本』などは何がいいかというと、日本文化の宗教的深みが茶道を通して理解できるからです。これをイギリスの紅茶と比べてみると、おもしろい茶の比較文化論が成立するかもしれませんね。

イギリスの「ティー」には、一般にミルクと砂糖を入れます。日本のようにレモンの輪切りを入れることはありません。そこでよく考えてみると、本来イギリスに砂糖はなかったですね。砂糖は植民地時代の産物であって、国外のプランテーション（農園）で奴隷を使ってつくらないと手に入らないものだったんです。

渡部　ジャマイカですね。

中山　さらにイギリスは一六二七年、カリブ海のバルバドス島で砂糖植民地を開発しようとしたのですが、その労働力である黒人奴隷をどこで調達するかという問題につきあたります。そこでアフリカの西海岸に目をつけ、一六六三年には王立貿易商人会社、一六七二年には王立アフリカ会社を設立し、王室が非人道的な奴隷貿易に手を出すことになったのです。一六七二年から一七一一年までに奴隷になったアフリカ人は九万人、そのうちの半数がバルバドス島で、三分の一以上が先生のおっしゃったジャマイカで砂糖づくりの強制労働です。協会というのをアフリカに設立して、国王がプランテーションさせてつくったんです。だから、「ティー」はそういう奴隷制度と結びついた飲み物だったんです。

一方、日本の茶道というのは、神道的な思想も、禅仏教的な思想も、道教的な思想も入っていて、芸術性と宗教性が融合したすばらしい日本文化です。もちろん、奴隷制度というような野蛮で非人道的な行為とは全く無縁です。

岡倉天心は『茶の本』の中で茶室を数寄屋《すきや》と呼んでいますが、これには左右対称性を否定し、不完全性を崇拝する「数寄家」、必要なもの以外は何も置かない審美的空間でありながら、万物を抱有する「空き家」、詩的衝動を動かす儚《はかな》い空間としての「好き家」など、茶室の持つ芸術的・宗教的側面を分かりやすく説明しています。

茶室といえば茶庭がつきものですが、私も庭園には少しばかり興味がありまして、『イギリス庭園の文化史 ― 夢の楽園と癒しの庭園』（大修館書店）を上梓しました。実は、古代からの伝統を継承する日本庭園も、同じような宗教的・文化的構造を持っているんですね。これをお読みいただければ、日本の場合、名園といえば京都・奈良に代表される寺社の庭園が多いのに、イギリスの名園は王侯貴族のものがほとんどで、修道院や教会の庭園ではないのはなぜかがご理解いただけると思います。もちろんイギリスの修道院にも庭園はありますが、伝統的にハーブや野菜や果樹を栽培するキッチン・ガーデンやハーブ庭園で、浄土式庭園や禅院式の枯山水《かれさんすい》庭園のように、宗教的理想郷を表現したものではありません。

話がちょっと外れてしまいましたが、古典だと重すぎてちょっとおなかにもたれ、消化不良を起こす人がいるかもしれませんね。

渡部　文学史の名著は、専門家が学校で教える場合が多いんです。学校で教わってマスターしたごく少数の人が読めるというものでしょう。『源氏物語』でも『古事記』でも、古典そのものを読める人はそんなに多くありません。西洋でも同じことですね。だから、どうしても親しみやすく読んでいくとなると、準古典になります。

たとえば日露戦争は、司馬《しば》遼太郎《りょうたろう》の『坂の上の雲』で読めばいちばん分かりやすいです。でも、その前に伊藤正徳《いとうまさのり》の『軍閥興亡史』を読むと、非常に簡潔にぴしっと書いてあります。これなどもいい本だと思います。

中山 先日、トックビル（一八〇五～一八五九、フランスの歴史家・政治家）の『アメリカン・デモクラシー』という本を読んでいましたら、「デモクラシー（民主主義）の国では文学は流行《はや》らないけど、劇場は流行る。みんな物質的であり、センセーショナルであるから、マインドを鍛えないといけない。ただ単におもしろいもの、刺激の強いものしか求めない、それがデモクラシーの国の特徴だ」と書いてありました。今の日本はまさにその表現にぴったりの状態だと感じました。逆に言えば、そういうときに人々のマインドを鍛えるには、文学、文芸が必要なんですね。内村鑑三の言葉を借りれば、「鬱勃《うつぼつ》たる思想を伝える」文学というようなものが必要だと思います。古典でも、もちろん準古典でもよいと思いますが。

渡部 あのころのアメリカは、クラシカル・エデュケーションをものすごくしっかりとやっていた時期です。だから、アメリカでもニューイングランドあたりのエリートは、全部共通の古典で分かったはずなんです。驚くべきことに、アメリカにはほんとうに「グレート・ブックス運動」というのがあったんです。グレート・ブックス運動とは、人類の古典の英知から、人間とは何かということを学び、自分の人生に結びつけていこうとするものです。

中山　アメリカでは今も古典ばかり読ませるカレッジがあるんです。グレート・ブックスばかり読ませる。だいたい一人の作家につき一冊割り当てられていますが、中には例外的に一人二冊というのが数人いるんです。アリストテレス、ギボン、シェイクスピア、トマス・アクィナス。トマス・アクィナス（十三世紀のイタリアの神学者）なんて、だんだんグレート・ブックス運動のいちばんの中心みたいになってね。これを勧めたアドラーは、最終的にはカトリックになるのですが。

『ブリタニカ百科事典』（第十五版）の編集長も務めた哲学者のM・J・アドラー（一九〇二～二〇〇二）のことですね。彼はシカゴ大学学長のR・M・ハッチンズとともに全米でグレート・ブックス運動を始め、シカゴ大学では「グレート・ブックス・セミナー」なるものが開講されました。これがすばらしいということで評判を呼び、他大学にも広がっていったそうです。運動の最大のピークは一九六五年ごろで、大学の一般教養の代名詞のようにもなったと言われています。

具体的には古典のような「グレート・ブックス」と呼ぶにふさわしい偉大な書物を選び出し、それらの書物を通して古人の名言を味わったり、時空を超えて著者と対話したりしながら、思考を深めていくことを目的としているそうです。国際的通用性のある教養教育の再構築が求められている現在の日本の大学でも、有効な教育法でしょう。学生には、そのような良書を机の上に積んで、是非とも自学自習してもらいたいものです。

超感覚の世界から学ぶこと

中山 さきほどの茶道と庭園の話では、霊性とか宗教的という言葉がイメージできますが、渡部先生はスウェーデンボルグ（一六八八〜一七七二、スウェーデンの科学者・政治家・神秘主義思想家）などの本はお読みになりますか。

渡部 あまり読まないですね。ただ興味はあります。カントにも興味を持ちましたからね。彼の伝記には興味があります。あと、ルドルフ・シュタイナー（一八六一〜一九二五、オーストリア帝国の神秘思想家）にもたいへん興味を持ちましたね。私はオックスフォードに留学したとき、さきに虹の話をしましたバーフィールドの『ヒストリー・イン・イングリッシュ・ワーズ（英語のなかの歴史）』という本に出会いました。これを見たとき、バーフィールドなんていう英語学者は聞いたことがなかったのですが、読んでみるといいんですよ。それから三十年ほどたったころ、やはりイギリスでのことなんですが、当時小学生だった息子にバイオリンを教えてくれたグラスゴーのロイヤル・カレッジ・オブ・ミュージックの教授を通じて、シュタイナーの著書に出会いました。たまたま話をしたら、バーフィールドはシュタイナー信徒だということが分かりました。それを機会に、シュタイナーについて少し読んでみることにしたのです。

シュタイナーは、あるとき突如として霊的ビジョンに目覚め、完全に死後の世界が見えたと言います。そのシュタイナーが書いた「超感覚力を得る方法」を読むと、彼は、超感覚力を鍛える方法として、とにかく時に思い出して、その感覚を鍛える。そうするとだんだん超感覚の能力が出てくる。おかしいなと思ったことをときどき思い出すんです。それはしょっちゅうやることはない。ときどき思い出せばいい。そうすると、魂なんて普通は見えないわけですが、見えるようになると言うのです。私自身はそういうことはやっていないので分かりませんが、シュタイナーはそう言っているわけです。

中山 現在は科学万能の時代ですが、科学では説明できないものが世の中にはたくさんあるものです。「天」とか「神」とかいう存在は、もちろん、科学的には証明できませんね。しかし、科学ですべてが説明できると考えるのも、人間の傲慢と言えるかもしれません。私個人としては、シェイクスピアがハムレットに言わせた言葉、「天と地の間には、哲学には思いも及ばぬほど多くのものがあるものだ」に共感しますね。「至誠、天に通ず」ということを信じたいです。そんなときにアレキシス・カレルの『ルルドへの旅・祈り』を読んで、心に響くものを感じましたね。そういうこともあるんだと。

渡部 ノーベル賞をもらった外科の医師が、解剖学的存在の外に何かがある、と言っているわけですよね。養老孟司さんもなかなかおもしろい人で、解剖学者ですから、「解剖学的な限界の内にないことは取り扱わない」というわけです。そうすると、祈りの効果は分からないんです。カレルは、自分が祈られていることを知らない患者でも、誰かの祈りによって奇跡的治癒があることを実証しています。

中山 ドイツの哲学者カントも、『実践理性批判』の中で次のような味わい深い言葉を残していますね。彼の心を驚嘆と畏敬の念で満たすものが二つある。一つは「私の頭上にある星を散りばめた天空」であり、もう一つは「内なる道徳律」である、と。だとすれば、内なる道徳律をつかさどる私たちの心も、無限の宇宙と同じく、天や偉大なるものと結びつくとき、無限の広がりや限りなく高められる可能性を持ったものでないか、と思ってしまうんですね。

渡部　私は進化論が好きで、ダーウィンやウォレスの初版まで集めています。ガラパゴスを見ただけでも進化論には説得力があります。しかし、進化論を考えると、少なくとも二回はクォンタム・リープ（quantum leap）があったと思います。これが私の到達した仮説です。クォンタム・リープとは非連続的飛躍というような意味です。

地球が最初できたときは火の玉ですよね。これは誰も疑わない。溶岩みたいなものですからものすごい高温で、生物なんているわけがありません。無生物から生物が発生してということは非連続的飛躍と言わざるをえません。それがずっと続いていくプロセスは、ほとんど進化論です。そして、最後に説明できないものが人間の脳なんです。ウォレスが、「人間の脳は進化論では説明できない」というふうに言っています。なんとなれば、あらゆる進化は自然界に適応しようとして進化するわけです。ほかの動物なんかですと、羽ができたり、足が速くなったりして適応していく。しかし、人間の脳にあるのは適応に必要のない能力ばかりです。脳にこれという刺激もないのに高等数学を考えたりする能力ができる……。だから、ウォレスは「人間の脳はすでに数十万年前にできていた」と考えた。私の言葉で言えば、非連続的飛躍でできていたということなんです。つまり、人間の脳には進化論は当てはまらないと思っているんです。

生活や能力が発達している民族と遅れている民族があるのは、環境によると、ウォレスは言うわけですね。これが正しい洞察であったと私が思ったのは、戦後になって、たとえば、アフリカのジャングルに生まれた黒人の子供が、神父のもとでイタリアのグレゴリア大学などに入れられると、トップで卒業したりするのですね。それをどう説明するか。ある民族は四くらいまでしか数字を数えられないそうですが、こうした子供も小さいときから牧師に育てられていくと、ハーバード大学なんかに入ったりする。ですから、脳はずっと以前から民族に関係なくできているんです。ウォレスの説は説得力があります。

中山　人間と類人猿は、ＤＮＡの研究によれば二パーセントも違わないことはさきに述べましたが、脳がある程度まで発達したとき、「不滅の霊魂」が出て、類人猿から人間になった。非連続的飛躍によることなんです。

いわゆる量子的飛躍によって進化が起こったということですね。私たちの人生においても、精神のクォンタム・リープは起こりえるのではないでしょうか。

師から勧められた「恩書」を糧に

中山　さきほど準古典として紹介されたアレキシス・カレルの『人間――この未知なるもの』の中で、渡部先生は訳者の言葉として「『人間――この未知なるもの』は私の恩書である」と書かれていますね。「恩書」という言葉は先生の造語でしょうが、どのような意味を込めたものなのでしょうか。

渡部　「恩書」は私が恩師から勧められて手にした本なんです。私は上智大学に入ってから、実にいい先生からいろいろな本をお勧めいただきました。

たとえば、哲学なんてどこから入るかで全然理解度が違うと思います。私の先生だったフランツ・ボッシュ先生は、エーリッヒ・ベッヘルの認識論から入ったんです。認識論というのは小難しいんですよ。カントも認識論ですよね。そこから入ったら出られなくなると思うんです。ボッシュ先生は、イエズス会の先生でしたから、初めからトマス・アクィナスのネオ・トミズム（アクィナスの説により現代の問題を解明しようとするカトリックの哲学運動）の認識理論から入ったんです。これは常識と一致するから分かりやすいのですが、いやになるほど詳しくやってね。それに基づいて、プラトンその他の認識論との違いの説明をやる。哲学史的にいろいろな哲学者の認識論が、ネオ・トミズムとどこが違うかを明らかにしていく。だからベッヘルでは助かりました。ベッヘルには『哲学論』二巻——認識論（上巻）と形而上学（下巻）——がありましてね。認識論だけ学校でやって、形而上学は自分でやりました。ネオ・トミズムから入ると、哲学はずいぶん見渡せるようになるんですね。

中山　一つの視点を与えてもらったわけですね。

渡部　しかも常識と相反しないわけでしょ。これが重要なんですね。どんなに難しく考えても、常識から外れるほうに行ったら分からなくなってしまうんです。

それからパスカルの『パンセ』です。パスカルは、神がいるかいないかと賭けた場合、神がいないと賭けて、死んで神がいなかったら仕方ない、ところが、神がいるとしたらえらいことになるぞ、ということを言いました。神があるという考えで生きた人の場合、死んでみて神様がいなかったら、それはどうでもいい。しかし、神様があったとしたら実によかった、ということになる。それで神があるかないかということで賭けた場合、絶対にあるとして生きたほうが確率的にいい、というわけです。冗談みたいだけど、考えれば考えるほどそのとおりなんですね。それは神を認めることの一つの考え方だと私は思うんです。

ところが、三木清や森有正といったパスカルの研究をしている人がいるでしょう。あの人たちはここまでは分かるけれど、パスカルがなぜそういう考えに至ったかは分からない。それは、パスカルが奇跡を体験したということを研究から抜かしているからなんです。パスカルは、親類の人の重い眼病が修道院の聖荊《せいけい》に触れたとたんに治ってしまったのを見て、カトリックの本質に触れ、その体験があって『パンセ』を書いたわけですから。

中山　奇跡を体験したということでは、カレルと一緒ですね。カレルは若いときに、フランスのルルドの泉という聖地で奇跡を目の当たりにしたということでしたね。

渡部　私が大学二年のとき、望月光という神父さんが「肉体の倫理学」ということでいろいろと教えてくれて、最後にカレルを出してきて、もうこれだけ読めばいいとおっしゃった。それでカレルを愛読して愛読してね。大学二年の夏休み、そして三年にかけての春休みに家に帰って、ほんとうに読み返しました。これによって、私の人生観ができあがりました。

具体的にどういうことがよかったかというと、まあ、いろいろあるんですが、たとえばフロイトなんかの理論。フロイトの学問は病人を観察して立てられた理論ですから、健常者には当てはまらない。たとえば今、ストレス、ストレスと言いますが、ストレスをかけてはだめだと言う人がいるわけですよ。それはほんとうなんです。しかし、昔は「艱難汝《かんなんなんじ》を玉《たま》にす」と、ストレスをかければかけるほど精神が強くなる人がいたんです。そこが抜けているんですよ。確かにストレスがよくない人もいます。しかし、ストレスで成長し、強くなる人もいます。足に故障のある人は無理に走ってはいけません。これは足の病気の人のための適正な話です。しかし、健常な人は走ることによって、より速く、より強くなります。今の精神病学は、病者を観察してつくり上げたもので、健常な人を観察してつくったものではない、というようなことですね。

中山　今日で言うストレス・ケアとは、過度にストレスを感じている人を普通の状態にしてあげたら治療が終わってしまうということです。普通の精神作用をさらに高めるとか、たとえば、マズローの言う最高価値にまで段階的に高めていくという方向性はないようですね。

渡部　ストレスが悪いとばかり教えるものだから、ストレスをかければ伸びる人までストレスから逃げてしまうんですよ。私自身、青年時代は非常に貧乏で苦労したりしたんですが、カレルを読んでいたおかげで、ストレスがかかってもストレスが体に悪いという発想をしませんでした。

中山　試練を自らの糧にしていくという、精神的なエネルギーがあれば理想的ですね。

渡部　ストレスがかかるとほんとうにだめな人はいると思うんです。そういう人はどんどん治療をしてもらったらいい。しかし今は、病人じゃない人までそう思い込んで、病気になってしまうんです。やはり健常な人はストレスを跳ね返して強くなるものです。

そのようなとき、背中を押して応援してくださるのが恩師ですよね。私も、大学時代に人格的にも学問的にも影響を受けた恩師との出会いがありました。その先生方のお話をうかがうと、ストレスなんか吹っ飛んでしまうんですね。「俺はなんて小さいことで悩んでいたんだろうか」と。りっぱな先生はりっぱな話題をお持ちなので、元気がもりもりと湧いてくるんです。

中山 一人は麗澤大学教授で、美学が専門で日本を代表する華道の批評家・理論家でもあった故大塚真三《おおつかしんぞう》先生。この先生には「弟子入り」という表現がぴったりで、まるで自分の息子のように可愛がっていただきました。大学生活でストレスを感じたときは、先生のお宅を訪問し、奥様のおいしい手料理をいただきながら、いろいろとご指導いただきました。私の人生観を形成するうえで最も影響を受けた恩師です。

学問的に感動した体験としては、京都大学名誉教授の下程勇吉《したほどゆうきち》(2)先生との出会いがありました。先生のご著書『宗教的自覚と人間形成』と『二宮尊徳の人間学的研究』の研究会がありまして、当時大学生だった私は正式なメンバーではなかったのですが、特別に参加を許されました。先生からは、「文学をやるんだったら漱石の『文学論』を読んでみなさい。この中で漱石は、『およそ文学的内容の形式は（F＋f）なることを要す。Fは焦点的印象または観念を意味し、fはこれに附着する情緒を意味す』と述べているけど、Fまで極めないとだめですよ」と か、いろいろとアドバイスをいただきました。

あとは恩書ですね。麗澤の創立者である廣池《ひろいけ》千九郎《ちくろう》が『道徳科学の論文』を著しているんですが、これは道徳の実質と内容について初めて学問的に研究したものので、いろいろな学術書からの引用文が収載されているだけでなく、内容自体に道徳的生命力が宿っています。モラルに関するグローバルな視点を得るうえで、非常に勉強になりました。

（2）明治三十七～平成十（一九〇四～一九九八）年。文学博士。京都大学名誉教授。昭和五年、京都帝国大学文学部（哲学科）卒業。教育人間学、日本精神史専攻。京都大学文学部教授、松蔭女子大学学長、大阪市教育委員長、関西教育学会会長、日本教育学会理事、モラロジー研究所顧問等を歴任。著書に『二宮尊徳の人間学的研究』『吉田松陰の人間学的研究』（共に広池学園出版部刊）など。

「自助」の精神が国を栄えさせる

中山　さきほど準古典というお話が出ましたが、先生が解説をお書きになった『西国立志編』（『Self Help（自助論）』、サミュエル・スマイルズ[3]著、中村正直《なかむらまさなお》[4]訳、講談社学術文庫）もすばらしい本ですね。司馬遼太郎さんが描いた『坂の上の雲』の時代の若者の気概、覇気にも似たものが、読んでいるうちに伝わってきます。

渡部　あの本については、私はセルフ・ヘルプじゃないとどうなるか、ということが言いたいですね。本の最初に「天は自ら助くる者を助く」とありますが、スマイルズは「セルフ・ヘルプの人間が国の人口に占める割合でその国の繁栄が分かる」と言います。日本は今、人々を政府にぶら下がらせようとしているんです。みんながぶら下がったら国はだめになりますよ。

中山　国民が国にあれをしてほしい、これがほしいといって、依存心を高めていってはだめだということですね。『西国立志編』にも「邦国の優劣強弱は、その人民の品行に関係すること多くして、その国政に関係すること少なし」と書いてありますので、すべてを政治のせいにしたり、要求したりするのではなく、国民自らが品性を高めることが大切ですね。

渡部　明治維新のころに非常に盛んになってよかったと思うのは、中村正直ですね。彼は昌平黌《しょうへいこう》（江戸幕府直轄の学校）が始まって以来の秀才だと言われた人なんです。もちろん、漢学もできるし、ひととおり英語も習った人です。幕府が旗本の有望な人物を何人か選んでイギリスに留学させたときに、取締役みたいな役として中村正直をつけたんです。

中村がイギリスに行って驚いたのは、どうも地図で見ると、日本とイギリスは

（3）一八一二〜一九〇四。イギリスの著述家。スコットランド生まれ。エディンバラ大学で医学を学ぶ。一八五九年に出版された『Self Help（自助論）』は、中村正直訳『西国立志編』として明治時代愛読された。

（4）天保三〜明治二十四（一八三二〜一八九一）年。洋学者・教育家。号は敬宇。儒学・英学を学び、慶応二（一八六六）年に渡英。明治三年に『西国立志編』を出版、ベストセラーとなる。福澤諭吉、森有礼、西周、加藤弘之らとともに明六社を結成し、啓蒙思想の普及に努めた。

緯度も大きさもだいたい同じ、特に物産を持たないという点も似ているのに、富が大きく違うということでした。彼が行ったころは、ナポレオン戦争から五十年もたっていましたから、造船業だってすごい勢いで発展しているんですよ。それから、彼がイギリスに行く前の江戸は、道路を舗装していませんから、風が吹くと砂が飛んで目が開けられないくらいでしたが、イギリスは道路に石が敷き詰められていて、両側にはガス燈ができ、江戸城より高い住宅に庶民が住んでいる。この差はどこから来たかと思ってしまった。調べてみても、日英の差の理由が理解できなかった。そのうちに幕府がつぶれて、一年ぐらいで日本に帰らなければいけなくなったのですが、知り合いになった人が、「今、イギリスでいちばん流行っているのはこの本だ」と『セルフ・ヘルプ』をくれたわけです。

それを船の中で読んで、彼は初めて分かるんです。日本の武士というのは殿様に雇われて食っているが、イギリスはセルフ・ヘルプ、自助だと。それでほとんどのなぞが解けたということでした。彼は頭のいい人でした。何度も読み返して、暗記したくらいです。これは確かなことで、藩がつぶれたとき、ぶら下がり根性が強かった人は貧乏武士で終わるわけです。日本でもセルフ・ヘルプの精神を持ってがんばった人たちが財閥を興し、あるいは政府の高官になって明治をつくるんですね。

中山　『セルフ・ヘルプ』には、読書法についてのアドバイスもあって、おもしろいですよね。目的を持ってする読書は最高の読書の方法であるなどと書いてあるし、自分の知的座標軸をつくるための読書の大切さも出てきたりします。

渡部　この『セルフ・ヘルプ』にまつわることでおもしろい話があるんですよ。ヴィクトリア女王の戴冠五十年祭のとき、スマイルズはウェストミンスター寺院のいちばんいい席に招待されているものの、それから十年たって、戴冠六十年のときは招待状も来なかった、と孫娘が書いています。その間に何が起こったかというと、社会主義なんですね。ロンドン・スクール・オブ・エコノミクスなどができて、イギリスの知識階級は、貧乏人を救うのは個人の問題じゃなくて社会の問題である、とするようになる。それですっかり自助論は忘れられてしまったんです。

私が大学四年のとき、キャンピオン・ホール（オックスフォード大学神学部）の学院長だったダーシー神父さんがいらっしゃいまして、帰国に際して予防注射だとかパスポートとかの手続きがあって、ついていったんです。私はそのときに「サミュエル・スマイルズはイギリスではどうですか」と聞いたら、そのときのお答えも声の調子も忘れられないのですが、「Completely forgotten（完全に忘れられています）」とおっしゃった。その後、私はイギリスに留学しましたが、確かに本国では忘れられていました。

サミュエル・スマイルズが復活するのは日本でのことなのです。私は旧通産省の「社会構造研究会」の座長をやっていたのですが、そのときのレポートでセルフ・ヘルプの必要性を書きました。当時の通産省の人たちはもっともだというので、「自助努力」の必要性を通産省の項目に挙げたのです。あのころの日本は右肩上がりの高度成長期でしたから、イギリスのサッチャーさんも日本のレポートを見て飛びついたんです。それで、イギリスで突如、『セルフ・ヘルプ』と言い出して本ができたり、スマイルズの研究が盛んになったのです。でも、また時間がたち、スマイルズは忘れられているんですが……。要するに、ぶら下がり根性では国は必ずだめになります。

中山　スマイルズはその後、続編で『キャラクター（品性論）』を書きましたね。あれも非常にすばらしい内容でした。

渡部　ええ、ある意味では『セルフ・ヘルプ』以上だと思います。私はその中で記憶に残っているのは、イギリスのウェリントン将軍の話です。

ナポレオン戦争当時のこと、ウェリントン将軍はポルトガルに上陸してイベリア半島で戦います。そうすると、あのころはナポレオンに征服された側と戦うことになるわけです。だから、イベリア半島の人々はウェリントンの敵なんです。ところが、地元の金持ちなどは自分の資産を保護してくれと、敵であるウェリントンに頼みに行くんです。スペインやポルトガルに頼んでも危なくてだめだ、ウェリントン将軍なら安全だ、というんですね。ウェリントンが保護してくれるかどうかは、キャラクター（品格）の問題です。ウェリントンは敵国の人々にも信頼されるような、真に品格のある軍人だったのです。

私は、その精神は日本軍にもあったはずだと思っています。日本軍は戦争で北京の故宮博物院を占領しました。しかし、何一つ奪っていません。宝物は故宮博物院から疎開させられて、日本が占領している間は大部分は上海にあったのですが、日本軍は一物も取っていません。日本というのは、それだけりっぱな国だったわけです。それなのに、嘘八百で日本の悪いところを探し出し、拡大鏡でしゃべっているのが戦後の教育なんです。

中山　前述した乃木大将もアメリカ人記者が絶賛しましたし、工藤艦長はイギリス人が生涯尊敬し続けた軍人でした。また、第二十六代合衆国大統領セオドア・ルーズベルトは、新渡戸稲造の『武士道』を読んで日本の高邁な精神にいたく感心し、六十部ほど買って友人に贈ったと言われているくらいです。

仕事は一生懸命やれば楽しくなる

中山　先生はよく、恩師には二通りあって、学問的知識を切り売りする人と人生の師として導く人とがあるとおっしゃっていますね。やはりよき師の存在は大きいですよね。

渡部　いい先生が勧めた本は影響力があります。そのいちばんいい例はヒルティ(5)です。私はわざわざヒルティを求めてスイスに行ったほどです。でも、スイスでヒルティを知っている人にはとんと会わなかったです。知っていたのはヒルティの親戚の人でした。

ヒルティは熱心なキリスト教徒だったのですが、キリストの教えはあまりにも深すぎて青年には分かりにくいと言うんです。だから、ストア派のエピクテトス（古代ギリシアの哲学者）の語録を平易に訳したわけです。

ヒルティを日本に紹介したのは、ラファエル・フォン・ケーベルという先生です。一八九三（明治二十六）年に東京帝国大学教授として来日したんですが、この人は哲学者であるとともに、音楽もできたので上野の音楽学校（芸大）でピアノも教えていた。ケーベル先生は神様のように学生たちから尊敬されたんですが、ケーベル先生がヒルティをものすごくたたえたものだから、東大系の秀才は全部ヒルティを学びました。私の大学でも増田先生というドイツ語の先生がいて、テキストはヒルティの『幸福論《ダス・グリュツリ》』だったんです。

ヒルティを読んでいちばんよかったのは、「仕事というのは一生懸命やればお

（5）一八三三〜一九〇九。スイスの法学者・哲学者。ベルン大学教授、国会議員、ハーグ国際仲裁裁判所判事を務める。『幸福論』『眠られぬ夜のために』の著者として知られる。

もしろくなる性質を持つものだ」と教わったことでした。そうすると、思い当たるんですよ。たとえば、私は将棋が好きで、夏休みに帰ると将棋をやっていました。最初の一日目、二日目は楽しいんですが、三日目くらいになると全然楽しくなくなるんです。ところが、辞書を引いて調べものをするのは、困難なことのようですけれど、三日ぐらい続いてもまだまだ楽しくなっていく。遊びというのは飽きるものですが、仕事というのは集中すればするほどおもしろくなるものなんですね。

ヒルティはこうも言います。「いろいろな準備をしても、準備だけではいつになってもうまくいかない。畑を耕すためには、まず鍬を持って一回打ち下ろさないといけない。ものを書くにも、最初の一行を書かないとダメだ」と。それはほんとうですね。準備ばかりしていたら、いつになっても論文なんか書けません。やることが次から次へと出てくるのだから。

中山　私もものを書くときはそうですね。最初から完全な作文をしようとすると、全く筆が進まないので、とりあえず脳裏に浮かぶことから書き始めます。そして何度か推敲《すいこう》しているうちに、新しいアイデアが湧いてきたり、情報を追加・削除したりしながら、文章を練り上げていくのです。もっとも、文章の種類と内容によって、それを念入りに行う場合と簡単にすませる場合とがありますが。

自分で選んだ道を全力で進め

渡部　それを実際にやられた方として、私はよく本多静六先生[6]のことを取り上げるんです。本多先生という方は、最初の林学博士で、国立公園をつくったり日比谷公園をつくったりした人なんですが、貧乏であったがために、自分の郷里出身の大蔵省の官吏のもとに書生として入ったんです。そのご主人が、あるときこう言ったんですね。「今度、政府は山林学校をつくる。これは授業料がただだ。入って勉強してみてはどうだ」と。それに本多先生は飛びついたんです。別に木に関心

（６）慶応二～昭和二十七（一八六六～一九五二）年。日本最初の林学博士。ドイツ留学後、東大教授。林学の基礎をつくり、その普及に務める。「日本の公園の父」といわれる一方、勤倹貯蓄を処世訓として巨万の富を築き、退官を機に匿名でほぼすべてを教育、公共機関に寄付した。

があったわけではなく、ただで入れるということで入ったんですね。

学校の定員は五十人でしたが、本多先生は五十番で入った。そこを受ける人は中学だとか師範学校から行っているんです。本多先生は書生で、そういう勉強をやっていませんからね。ただ一つ、彼は独学で漢文をたくさん暗記していましたので、作文の点はよかったんです。当時は、漢字をたくさん使った作文が評価される時代だったのです。そこで「こいつは数学は全然できないけど、入れてやれ」ということになりました。本多先生が数学でたった一つできたのは、ピタゴラスなんですね。先生は受験するとき、数学が全然解けないと困るだろうといって軍人を紹介され、そこへ習いに行っていたんです。その軍人は、山の学校なら木を測るような問題が出るんじゃなかろうかということで、ピタゴラスの定理を教えた。それで一題だけできたんだそうです。

周囲の人に支援されて入った学校でしたが、本多先生は一学期に落第してしまうんです。それで、申し訳ないということで自殺しようと井戸に飛び込んだら、たまたま木のふちに腕がひっかかって助かったわけです。その後、先生は死んだ気になってやると覚悟をするんですね。幾何の問題が五百題あるような問題集を買ってきて、全部解くことを決意したんです。そうした努力の甲斐あって、全部解いたときには数学が一番できるようになっていたそうです。その学校はのちに東大の農学部になりましたが、そこを一番の成績で卒業し、ドイツに留学して、そこでも猛勉強をして、極限の努力をして日本で最初の林学博士となるわけです。

こうした話を見ていくと、自分の適性が何かなんてことは、分からなくてもいいということなんです。「自分探し」にあまり夢中になるなということです。目の前のことを一生懸命にやれば、仕事も勉強もおもしろくなるかもしれないのです。もちろん、やっていて全然合わないという人もいると思いますよ、しかし、本人にとっては偶然の選択かもしれませんが、自分で選んだ道を全力で進んでいくことはよいことなんだと思います。本多先生については、『私の財産告白』という本に詳しいのですが、その一生のモットーとして、次の言葉を記しています。

「人生即努力・努力即幸福」とね。

中山　司馬遼太郎が書いた『坂の上の雲』の秋山好古《あきやまよしふる》・眞之《さねゆき》兄弟もそうですね。二人は貧乏士族の子供で、自分が好きな道を選ぶことはできませんでした。放り込まれた道で最善を尽くすよりほかになかったのです。兄の好古大将は世界最強最大と言われたロシアのコサック騎兵隊と戦い、日露戦争を勝利に導くのですが、子供のころから騎兵が好きだったわけではありません。騎兵に割り当てられて、最善を尽くして世界一の騎兵の将軍になったのです。弟の眞之提督も大学に行くお金がなくて、たまたま海軍に進みました。そして、日本海海戦のときには東郷平八郎元帥の参謀となり、元帥から「智謀湧くが如し」という賛辞を得たのです。努力するすばらしさを私たちに伝えてくれる人物はたくさんいますね。

渡部　渡部先生ご自身は、どのようにして今のお仕事をなさるようになったのですか。

戦争中に学徒勤労動員がありまして、あらゆる種類の労働をやらされ、自分は肉体労働は死ぬほどいやだ、向かないんだと心底思いました。それに、幼いころに強い近眼になりました。戦時中、頭も体も優れた人は、軍隊の学校に行って将校になる道を選ぶ人が多かったのですが、私は目のためにその道を選ぶことができませんでした。戦後になると、みんなが就職したがったのは銀行でした。どこもお金がなくて、そうとうな会社でも現物支給が多かったころです。そんな中で銀行だけはちゃんと給料を払っていたわけです。現物がお金なんですから。ところが、当時の銀行は、両親がそろっていて、不動産があって、社会的地位があってと、条件が非常にうるさい。残念ながら、私の家はそうではありませんでした。そんな中で私にいちばん向いているのは教師かなと思っているときに、恩師の佐藤順太先生に出会ったのです。すばらしい英語の先生に出会ったおかげで、私も英語の先生を志したわけです。私が英語に向いていたかどうかは非常に怪しいのですが、一生懸命やったから今があるのだと思っています。中山先生はいかがですか。

中山

人生というものは選択の連続だと思います。しかし、その選択の範囲は案外限られているのかもしれません。私の父親は苦労人でして、中年になってから一代で鉄工所の経営を始めました。父の頭の中には私に家業を継がせるという選択肢もあったことでしょうが、私は中学生のときから家の仕事の手伝いをしていて、冷たい金属を扱うハードな肉体労働が自分の性分に合わないと、身にしみて分かっていました。麗澤大学を卒業するとき、大学に残らないかというお話をいただきました。そこで大学院受験を父に相談したのですが、父の答えは「自分も一代で今の事業を起こしたのだから、おまえにも一度だけチャンスをやる。受験に合格すれば進学を許す。しかし、失敗したら家業を継げ」でした。私も自分が大学教師に向いているかどうか分かりませんでしたが、家業よりは向いていると思い、大学受験のときよりも根を詰めて一日十時間くらい猛勉強しました。今の自分があるのは父のおかげです。

幸田露伴が説く「惜福」「分福」「植福」の三つの考え方

渡部　上智の神藤克彦《しんどうかつひこ》先生の家に遊びに行ったとき、幸田露伴《こうだろはん》(7)について教えていただきました。神藤先生は中学校を出たあと、実家の仕事を手伝われていましたが、どうしても勉強をしたいという思いを絶つことができませんでした。しかし、学資がない。そこで授業料のいらない広島高等師範に入ったのです。当時、高等師範は東京と広島にだけあったのですが、先生は四国の方でしたので、近くの広島高等師範を選ばれたのです。自助努力の人だから、露伴の『努力論』がいいと言われたのだと思います。

中山　幸田露伴と言えば、『五重塔』『天《そら》うつ浪《なみ》』などで知られる明治初期の文豪ですね。露伴自身、たいへん苦労をして作家としての道を切り開いたということですが。

渡部　露伴の家は、もとは徳川幕府のお茶坊主を務めた家系でした。それで彼は旧制の東京府立中学や東京英学校などに学びましたが、どちらも家計の事情で中退しているんですね。その後、漢学塾に入り、電信修技学校に入って電信技手となり、北海道に赴任します。しかし、作家への志を抱いていた露伴はその思いを断つことができず、職を辞して東京へ帰ることにしました。お金がなかったため、北海道から東京まで歩いて帰るわけですが、露伴というペンネームは、その苦難の旅の途中に二本松で詠んだ句、「里遠し　いざ露と寝ん　草まくら」に由来するものなんです。こんなふうに、努力に努力を重ねて作家への道を切り開いていったんです。ですから露伴の書いたものは、小説に限らず、随筆や史伝にも非常に見

（7）慶応三～昭和二十二（一八六七～一九四七）年。電信修技学校卒業後、電信技手として北海道へ赴任するが、文学を志し職を辞して帰京する。明治二十二（一八八九）年ごろから『風流仏』『五重塔』などの傑作を次々と発表し、文壇での地位を確立。随筆、史伝においても優れた業績を残している。

るべきものがあるんですね。

露伴は『努力論』で、責任は自分にあるという態度で努力するといい運が寄ってくる可能性が高い、と言っているわけですが、いい運が来たときにどのような態度をとるべきかということで、「惜福」「分福」「植福」の三つの考え方を示しています。

「惜福」とは、いいことがあったときに、その福を使い尽くさないで一部を惜しんで、あとのために残しておくことです。お金のない人が宝くじに当たったが、有頂天になってしまって身の破滅を招くというのは、惜福とは逆のことです。露伴は惜福の例として、徳川家康を挙げます。家康はいい運が来ても、有頂天になることはなかったというのです。

「分福」とは、いいことがあったら自分だけで独り占めしないで周りの人に分け与えよ、ということです。その例として挙げられるのが豊臣秀吉です。秀吉は周りの者たちに分け与えることを怠らなかったから、天下が取れたというわけです。

「植福」とは、自分のところにいいことが来るとは限らないけれど、とにかくよいことをふだんからやっていこうということです。たとえば、木を植えても、自分が生きている間はその木は自分のためにならない。しかし、孫の代には木材として売れるかもしれないし、おいしい木の実をつけるかもしれない。福はなくならない。これが植福なのです。

露伴は、これをやったら必ず幸せになると言っているわけではありません。しかし、今を生きる私たちは、自分のやることに責任を持ち、惜福、分福、植福を地道に積み重ねていくことが大切といえるのではないでしょうか。

〝気〟を練り上げれば道はおのずとひらける

中山　若い人たちにぜひ聞いてほしい言葉です。でも、今の若者たちは『努力論』というタイトルを聞くと、それだけで少し堅苦しいイメージを持つかもしれませんね。

渡部　確かに『努力論』と聞くと、勉強しろ、がんばれとだけ説いていると思われる方がいるかもしれませんが、そんな単純なことではないんです。ほんとうにいい意味での東洋哲学の精髄なんですね。露伴は次のようなことを言うんです。元来、心は気を率い、気は血を率い、血は身体を率いるものである、と。たとえば、今、自分は脚力が弱いから健脚になりたいと望めば、心は脚に向かう。その場合、ただぶらぶら歩くのではなく、一歩一歩に心を入れるのである。すると心に従って気がそこへ注ぎ込んでくる。そうすると、血が気に伴って、脚部の筋肉に充満してくる。そこで血管の末端部が膨張して神経の末端を圧迫するから、内腿やふくらはぎ、くるぶしあたりが痛くなってくる。この痛さにめげず、強い心で気を率い、訓練を積んでいくと、痛みはしだいに減って、最後には全く消えてしまう。これは血が身体を率いてしまって、いつのまにか常人を超えた健脚になったからである……。まあ、こういうふうに言うわけです。つまり、あることに集中すると、その集中したところに血が動く。血が動くと、その血に伴って肉ができたり骨ができたりする。頭を使った場合は、脳そのものが発達する、ということになります。〝気〟を練り上げることで、道はおのずと開けるのです。

ここで一つ、頭を使うということに関連した事例を挙げたいと思います。昔、清の国に閻百詩《えんひゃくし》という人がいました。この人は子供のころから頭はよくなかったけれど、勉強しようと覚悟してがんばるわけです。でも、何度本を読んでも身につかない。その読書の声を聞くと、母親はかわいそうでならない。「そんなに勉強してもできないんだから、そういう姿を見ていると私は胸が痛むよ」というようなことを言う。しかし、閻百詩はそれでも断固勉強を続けるんです。ところがある日、ずっと勉強していると、突如精神が開けて、それまで分からなかった本の内容が分かるようになった、というんです。

私はそういう話を読んで、脳だって使えば気が行けば血が行き、血が行けばできるんだ、脳だって勉強すればできるんだと思ったんです。ところが、当時の学説では脳の細胞は毎日十万ずつ死んでいるというんですね。私は還暦を過ぎたころから『ギリシャ・ラテン引用語辞典』のラテン語部分の暗記を始めまして、現在、二度目の暗記で七百ページくらいまで進んでいますが、ほんとうに記憶力がよくなるんですよ。暗記を始めるために、上智大学への出勤は、タクシーに切り替えました。タクシーはだいたい一時間くらいかかるのですが、その中で一生懸命やる。ラテン語の勉強をするなら家庭教師を雇ってもいいじゃないかと言う人もいるかもしれませんが、タクシー代もほぼ同じ金額だろうと思い、それでやることにしたんです。やっているうちにラテン語を覚えるのが早くなるのは当たり前です。

中山　学びに年齢制限がないことは、さきほどの『西国立志編《セルフ・ヘルプ》』にも実例が紹介されています。フランクリンが物質学を始めたのが五十歳、トマス・スコットがヘブライ語を学んだのが五十六歳、ロバート・ホールも晩年になってイタリア語を始めたとか。

渡部　私事ですが、実は三十代から四十代にかけて、短歌と漢詩の朗詠を習ったことがあるんです。それが数年前、たまたま本の整理をしていたら菅原道真《すがわらのみちざね》の七言律詩「秋思詩」（九日後朝、同賦秋思　應制）が目にとまりました。この詩は八行あるんです。朗詠するとき、絶句（四行）ならよくやるんですが、律詩（八行）を暗記する人は見たこともないし、私もやる気はなかった。ああ、こんなのやったんだなと、読んでぱたっと本を閉じたとき、私はなんか全部書けそうだなと思ったんです。それで紙に書いてみたら、ほとんど合っているんですね。「なんだ、俺は漢文の暗記なんてやっていないんだけれど」と思ってみたのですが、振り返ってみると、ラテン語の暗記を学校に行くときに続けていました。ほかの律詩でも試してみると、やはりたいてい書けるんですね。記憶力は上がるんだと実感を得て、今まで自信を持ってやっているんですよ。

中山　昨年、次のようなことがありました。加藤というお医者さんがいて、この方が大学を卒業するころに、ＭＲＩが導入されました。加藤さんという人はおもしろい方で、普通の医学をやれば大先生たちがたくさんいるけれど、ＭＲＩなら今からやれば俺が一番の専門家になれる、ということで勉強し、実際に世界で一番たくさん脳のＭＲＩを撮っている権威なんです。この人がある人の紹介でやってきて、私の脳を撮らせてくれと言うんです。彼は脳番地というものをつくっているんですが、私の脳を調べたら、何とか番地のところがものすごく発達しているというんです。それはやはり、年を取ってから発達したものなんですね。脳の細胞が毎日十万個ずつなくなるというのは、そういう一つの説があっただけなんです。このごろは、使えば海馬の細胞が増えると言われていますからね。

渡部　ええ、これは言っていますね。シナプスが発達すると……。

だから、私は勉強をしはじめたころの脳科学を信じなくてよかった、露伴を信じてよかったと思いました。なぜなら、自然科学というのは偉いことなんだけど、進歩を前提としている学問なんです。ということは、今までのものに価値を置かないということです。

中山　そうすると、知的な習慣を持ち続けるということが大事ですね。

渡部　足を鍛えようと思えば、毎日散歩するのと同じだと思います。

中山　肉体を鍛えるには運動が必要なように、脳を鍛えるには読書などのエクササイズが必要だと。そういえば、アイルランド生まれのジャーナリストで劇作家でもあるリチャード・スティールも、「精神にとっての読書は肉体にとって運動である」（Reading is to the mind what exercise is to the body.）と言っていますね。

渡部　最近分かってきたことですが、ホルモンというのは人間にとって非常に重要です。そのホルモンの多くは脳でつくられていくんですってね。

中山　脳内ホルモンですね。

渡部　そのホルモンは脳に止まっていなくて、体の全部に行くホルモンが多いんだそうです。だから、勉強すると、体も丈夫になりますよ。

中山　精神作用と肉体との関係は大きいと思いますね。感情だけではどうしても乗り越えられない壁がありますから、そういうときは、知的なカタルシスや発想の転換、より高い精神のトレーニングが必要ですね。何か精神を集中すると、いやなことも忘れます。

渡部　そういうときはきっと若返りのホルモンが出ているんでしょう。

尊敬できる教師こそが子供の読書に影響を与える

中山　今は一年間に七万冊以上、一日に二百冊近い新刊が出ているそうですが、そうした本の洪水の中で、特に子供たちが本を選ぶにはどうしたらよいのでしょうか。

渡部　やはりある程度、学校で教えてくだされば と思います。私も「恩書」となっているものはだいたい上智大学で教養部のときの先生から勧められたものです。だから、いい先生というのは大事です。今は特に、その先生に勧められたら読む気を起こす、というようなりっぱな先生が必要なんです。実を言うと、田舎の高校の先生の中にも、卒業してからもお付き合いがあった先生とない先生がいましたが、お付き合いのない先生から「若いときにフランスの作家ローマン・ローランを読まなければいけない」と言われても読みませんでした。その先生を尊敬していなかったからです。

中山 やっぱり先生が学識・人格ともに優れていて、生徒や学生から尊敬されていないと、指導はできないということですね。

渡部 佐藤順太先生がおっしゃった本は読みました。

中山 それから、その先生が本を読んでいらして、好きかということですね。やはり思いは伝わるものですから。たとえば、『石と光の思想』（饗庭孝男《あえばたかお》著）という本を大学の授業中に「これは非常に日本語がきれいだから読みなさい、美しい日本語です」と勧められたのですが、それを読んで、ほんとうにしゃれた文章だなと思いました。それ以来、本を読んでいて自分の気に入った表現があればメモし、自分の文章の中にはめ込んでみたりしました。もっともデコボコの田舎道をパッチワークのように舗装するようなもので、必ずしもうまくいくとは限りませんが、よい文章を読めば、自分の作文力がアップするのは事実です。イギリスに留学したときも、いろいろと本を読んでいておもしろく感じる文章があれば、英語の文

渡部　章カードをつくり、それを参考にして、文章を何度も練った思い出があります。「これがよい文章だ」というようなインスピレーションは、本場に行って実物に出会わないと浮かびませんからね。ところが「知識や情報だけ与えてやれば、学校なんていらない」という説もありますね。たとえばインターネット大学ね。そういう案もありますけれど、人間をつくるという場合だとちょっと違ってきます。

中山　教育を英語でエデュケーションと言いますが、語源はエデュカーレで、原義は引き出すという意味です。したがって、真の教育には教師と子供との人格的交わりが不可欠ですね。教師が読書を楽しむ人だったら、子供たちもその影響を受けて読書にいそしむようになるでしょう。

渡部　子供たちにとっては、「ああ、この本はよかった」と言えるものを勧めてくれる人が先生になってくれるといいんですよね。

中山　やはり学校の先生方にも、渡部先生がおっしゃっている知的座標軸、自分の興味のあるところを中心にライブラリーをつくって、知的生活を楽しむ、天国に召されるまで、自己を磨いていくという態度を持つことが重要なんでしょうね。

渡部　小さなプライベート・ライブラリーをつくるのを楽しみにしたりするのもいい

と思います。著述する目的がなければ、それほど大きなライブラリーを持つ必要はありませんから。やはり本を書いたりする場合、いろいろなものが必要ですが、いちいち図書館に行って調べている余裕はありませんから、現物を取り寄せないといけない。今はレファレンス（資料検索）のほうはインターネットでできるから、ほんとうに自分の愛読書、もう一度読みたくなるような本を持つことです。それが増えていって晩年に至るというのは、いいことだと思いますよ。

愛読書は、精神をつくるとともに、老齢に至っても頼りにも慰めにもなる「友」ですね。

あとがき

「本」とか「読書」とか聞いて、私の脳裏にまず思い浮かぶのはイギリスである。ご存じのように、イギリス人は大の古い物好きだ。たとえば、カンタベリーやヨークのような歴史のある町を訪れたことのある人なら、誰でも、骨董品店が多いのと品揃えが豊富なのに感動したことだろう。古書店とて例外ではない。英語で"antiquarian bookshop"という古書店では、日本で言えば、江戸時代のころの希覯本に出会うことも稀ではない。東京・神田の古本屋でも、まずお目にかかれないような年代物だ。当然のこと、こんな疑問がわく。「イギリスにこんなにも古書が多いのは、なぜだろう。どうしてイギリス人は古書好きになったのだろう」と。

そんな疑問に、ずばり答えてくれる本がある。それも、圧倒的な文献の緻密な研究によって、イギリスの国学の歴史を丹念にたどった名著ならではの名答で。その一冊こそ、何を隠そう、本書で対談をしていただいた渡部昇一先生の『イギリス国学史』(研究社出版)なのである。

この本では、「どのようにしてイギリス自体とその言語に関する研究が起こり、そして発展するに至ったかの経緯」が、「国学」という渡部先生独自の切り口で、実に見事に説き明かされている。十六世紀、イギリスで国王ヘンリー八世の宗教改革が起こり、ローマ・カトリック教会から離脱したイギリス国教会(日本で言えば国家神道)が建立されると、国内のあちこちで大混乱が発生した。ヘンリー八世が、国内に多数散在した修道院の厖大《ぼうだい》な財産や土地を自分のものとしたからである。国王は、新しい教会への忠誠を得るために修道院の土地を家臣たちに分配しただけでなく、その宝物や所有物もありたけを売り払った。その被害は、それまで大切に保管されてきた修道院の蔵書にも及んだ。おびただしい数の古書が無残にも散逸したのである。おそらく町の市場では、今では値段のつかないような貴重な写本や希覯本のページが、古新聞紙みたいに商品の包装紙として使われたことだろう。なんとも、もったいない話である。

しかし、それを機に、まことに逆説的ではあるが、イギリスの古代・故事研究が起こり、そのための文献として古書を集めることが必要になったのだ。本書の「まえがき」で渡部先生がおっしゃっている「一種のパラドックス」が、ここイギリスでも起こったのである。『イギリス国学史』の中には、古い文献を文献学的・解釈学的に研究して、イギリスの「国学」に貢献したマシュー・パーカー（一五〇四〜一五七五）とジョン・リーランド（一五〇六?〜一五五二）という人物が登場する。パーカーはイギリス国教会の神学的基礎をつくった人物、リーランドは、血筋の疑わしいチューダー王朝の正当性をアーサー王の歴史書を書いて擁護した人物だ。両者の共通点は、国学の基礎を「古書」に置いたこと、すなわち本の力で宗教の正当性や政治権力の正統性を主張したことにある。

この名著がイギリス文学・文化の研究者に与えた衝撃は計り知れない。おそらく英文学を専門とする学者でも、先生のご著書を見るまでは、パーカーとリーランドの名前さえ知らなかったのではないだろうか。イギリス文学史の定番といえば、英文学者なら誰でも一度は目を通す斎藤勇の『イギリス文学史』だが、全部で九百ページを超える、あの分厚い大著のどこを見ても、パーカーとリーランドの名前は一度も出てこないのだから。「目から鱗」とは、まさにこのことだ。

ここまでくれば、賢明な読者の方々には、私の言わんとしていることが、お分かりだろう。『イギリス国学史』の一冊だけでも、渡部先生の博覧強記ぶりが遺憾なく発揮されているということだ。そしてその鋭い洞察力、豊かな創造性、広く深い学識には、専門家や学者も脱帽する。

そのような知の巨人と浅学な私が対談をするのは、大胆すぎる試みだったのかもしれない。しかし、これまで公私にわたり何度も先生とお話しする機会があったけれども、いずれの場合も、わくわくするような知的刺激を受け、学問的にも啓発され、実に多くのことをご教示いただいた。そしてそのような機会を重ねるにつれ、先生との貴重な知的体験を活字にして残したいという想いが日増しに深まっていった。そこで今回、まさに不肖の弟子が恩師の胸を借りるつもりで対談をお願いしたところ、渡部先生は即座に快諾してくださった。ご多忙中にもかかわらず、私の長年の夢をかなえてくださった先生には、何とお礼を申し上げてよいか分からない。

最後に私を勇気づけて今回の対談の後押しをしてくださった公益財団法人モラロジー研究所の廣池幹堂理事長に、この場を借りて心より御礼申し上げたい。廣池先生のご助言がなければ、最初の一歩を踏み出せなかったであろう。また、同研究所出版部の永冶真樹部長と星野妙三主任には企画の段階からさまざまな協力をいただいた。本書がこんなにも早く刊行されたのは、両氏の強力なサポートのおかげであり、心から感謝の意を表したい。本書が、豊かで実りある人生の小道具として読書を楽しむ一助となれば幸甚である。

平成二十二年　文月

中山　理

〈著者略歴〉

渡部昇一（わたなべ・しょういち）

昭和5（1930）年、山形県に生まれる。昭和30年、上智大学大学院西洋文化研究科修了後、独ミュンスター大学、英オックスフォード大学に留学。Dr. phil.,Dr.phil.h.c.（英語学）。上智大学教授を経て、上智大学名誉教授。昭和51年、第24回エッセイストクラブ賞、昭和60年、第1回正論大賞受賞。著書に『英文法書』（研究社）等専門書のほか、『知的生活の方法』（講談社現代新書）、『知的生活を求めて』（講談社）、『昭和史』（ビジネス社）、『「パル判決書」の真実』（PHP）、『「東京裁判」を裁判する』『読書有訓』（以上、致知出版社）、『日本人の品格』（ベスト新書）、『税高くして国亡ぶ』『日本の歴史』シリーズ（以上、ワック）など多数。編述書に『幸田露伴「修省論」を読む 得する生き方 損する生き方』、訳書にアレキシス・カレル著『人間――この未知なるもの』、アーノルド・ベネット著『歴史の終わり（上・下）』（以上、三笠書房）などがある。

中山　理（なかやま・おさむ）

昭和27（1952）年、三重県に生まれる。上智大学大学院文学研究科英米文学専攻博士後期課程満期退学。エセックス大学、エディンバラ大学留学。現在、麗澤大学学長。博士（上智大学・文学）。著書に『イギリス庭園の文化史』（大修館書店）、*The Images of Their Glorious Maker : Iconology in Milton's Poetry*（Macmillan Language House）、『挑発するミルトン』（共著、彩流社）他。訳書にアーネスト・T・シートン著『二人の小さな野蛮人』（秀英書房）、ジェニファー・スピーク著『キリスト教美術シンボル事典』、ピーター・ミルワード著『聖書の動物事典』（以上、大修館書店）、R・F・ジョンストン著『〈完訳〉紫禁城の黄昏（上・下）』、ジョン・B・パウエル著『「在支二十五年」米国人記者から見た戦前のシナと日本（上・下）』（以上、祥伝社）など多数。監訳書にサム・フォール著『ありがとう武士道』（麗澤大学出版会）がある。

読書こそが人生をひらく
「少」にして学び、「壮」にして学ぶ

平成22年9月14日　初版第1刷発行
平成22年9月20日　　　第2刷発行

著 者　渡部昇一／中山　理
発 行　公益財団法人 モラロジー研究所
〒277-8654 千葉県柏市光ヶ丘2-1-1
TEL.04-7173-3155（出版部）
http://www.moralogy.jp/
発 売　学校法人 廣池学園事業部
〒277-8686 千葉県柏市光ヶ丘2-1-1
TEL.04-7173-3158
印 刷　横山印刷株式会社

ISBN978-4-89639-188-6